August Sauer
Frauenbilder aus der Blütezeit der deutschen Literatur

SEVERUS Verlag

ISBN: 978-3-95801-697-2
Druck: SEVERUS Verlag, 2017

Der SEVERUS Verlag ist ein Imprint der Diplomica Verlag GmbH.
Bibliografische Information der Deutschen Nationalbibliothek:
Die Deutsche Nationalbibliothek verzeichnet diese Publikation in der Deutschen National-
bibliografie; detaillierte bibliografische Daten sind im Internet über http://dnb.d-nb.de
abrufbar.

© SEVERUS Verlag, 2017
http://www.severus-verlag.de
Printed in Germany
Alle Rechte vorbehalten.
Der SEVERUS Verlag übernimmt keine juristische Verantwortung oder irgendeine Haftung
für evtl. fehlerhafte Angaben und deren Folgen.

August Sauer

Frauenbilder aus der Blütezeit der deutschen Literatur
Mit 15 Originalportraits, u.a. von Meta Klopstock, Eva Lessing und Lotte Schiller

FRAUENBILDER

aus der

Blütezeit der deutschen Litteratur.

Von

AUGUST SAUER.

MIT 15 ORIGINALPORTRAITS.

VORWORT.

Schon mehrmals ist der Versuch gemacht worden, Biographien von edlen Frauen, die auf das Leben und die Schöpfungen unserer grossen Dichter bestimmenden Einfluss geübt haben oder selbst als Schriftstellerinnen aufgetreten sind, vergleichend nebeneinanderzustellen; unter andern hat auch Bettina von Arnim auf die Fruchtbarkeit dieses Verfahrens in einem ihrer Bücher hingewiesen. Aber so ergiebig die Schilderungen der Zeitgenossen, die Briefe und sonstigen Lebensdocumente auch fliessen mögen: um uns das Wesen derselben in plastischer Anschaulichkeit vor Augen zu führen, reicht das schriftliche Material keineswegs aus. Wenn irgendwo, so ist es hier geboten, dass Wort und Bild sich gegenseitig ergänzen; denn gerade das Beste, was diesen Frauen eigen gewesen ist, haben sie im persönlichen Verkehre dahingegeben, im Umgange, im Gespräche, in der Gesellschaft. Vermag etwas uns in diese Fülle vergangenen Lebens einzuführen, sie uns nachempfinden oder wenigstens ahnen zu lassen, so wird dies am leichtesten durch Betrachtung der wohlgetroffenen Bilder geschehen, die Pietät oder Zufall der Nachwelt aufbewahrt haben.

Historisch beglaubigte Bildnisse von fünfzehn für die Blütezeit unserer Litteratur bedeutsamen Frauen in so getreuen Copien vorzulegen, als die vorgeschrittenen Mittel der Technik es gestatten, ist der Zweck dieser Sammlung. Die hier vereinigten Bilder sind frei von jeder sogenannten Verbesserung und Verschönerung, sie haben nichts modern gelecktes und gekünsteltes an sich, besitzen dafür aber den Wert gesicherter Echtheit. Mit Ausnahme des Bildes der Meta Klopstock, von welchem die Vorlage nicht erreichbar war, das aber in dem einmal gesteckten Rahmen nicht entbehrt werden konnte, sind alle Portraits direct nach den betreffenden Originalen wiedergegeben worden.

Die einzelnen Aufsätze wollen ihren Gegenstand mehr andeuten, als erschöpfen, wollen mehr characterisirende Skizzen als biographische Essays sein, wie dies durch die Knappheit des Raumes bedingt ist. Die Kenner der Quellen werden den Wortlaut derselben an vielen Stellen wiederfinden; wo eigene Bekenntnisse und Briefe vorlagen, sollte auch das eigentümliche des Ausdruckes so viel als möglich gewahrt bleiben. Der grössere Theil der Aufsätze ist mir aus Vorträgen erwachsen, die ich im Jahre 1881 vor einem lieben, nun längst zersprengten Kreise gehalten und jetzt für den Druck überarbeitet habe; der aufmunternden und anregenden Theilnahme aus diesem Kreise verdankt der Plan zu dem Buche seine Entstehung. Niemals hätte ich ihn jedoch

VORWORT.

ausführen können, wenn mich dabei mein Freund und College Gustav Meyer nicht in so liebenswürdiger Weise unterstützt und der Herr Verleger ihn nicht auf das thatkräftigste gefördert hätte.

Für die gütige Ueberlassung der Originalportraits zum Zwecke dieser Sammlung sind wir zu dem grössten Danke verpflichtet vor allem Sr. Königl. Hoheit dem Grossherzog von Sachsen-Weimar, der in huldvollster Weise die in seinem Besitze befindlichen Bilder zu copiren gestattete, Sr. Excellenz dem Weimarischen Staatsminister Dr. von Stichling, dem Freiherrn von Gleichen-Russwurm zu Weimar und dem Freiherrn von Stein zu Kochberg; ferner dem Fräulein Friederike Bürger in Leipzig, den Herren Geheimrath Professor Waitz in Berlin und Professor W. Henneberg in Göttingen, sowie dem königlichen Kupferstichkabinet zu Dresden.

Graz, am 26. Juli 1885.

August Sauer.

INHALT.

	Seite
Meta Klopstock	1
Eva Lessing	6
Auguste Bürger (Molly)	12
Caroline Herder	17
Herzogin Anna Amalia	23
Herzogin Luise	29
Charlotte von Stein	33
Corona Schröter	41
Charlotte von Kalb	46
Lotte Schiller	53
Caroline von Wolzogen	61
Caroline Schelling	67
Henriette Herz	75
Rahel Varnhagen von Ense	82
Bettina von Arnim	90
Anmerkungen	101

META KLOPSTOCK.

AUS dumpfigen Niederungen, aus klang- und lichtloser Oede führte Klopstock die deutsche Dichtung wie im Fluge auf die hellen Höhen edler Begeisterung und göttlicher Freiheit. Aus der Tiefe der Seele holte er die Töne seines Gesanges; unbekümmert um alle herkömmlichen Regeln und Schranken liess er der Sprache des Herzens freien Lauf, zerbrach er völlig die Fesseln des Reimes. In neuer ungebundener Form ein neuer ungeahnter Inhalt: in antiken Versarten, in freien Rhythmen feierte er Gott und Vaterland, Freundschaft und Liebe.

Eine glühende Sehnsucht nach Liebe beseelte schon den Jüngling; Himmel und Erde setzte er in Bewegung um das Herz einer spröden Verwandten, seiner Fanny, sich zuzuwenden; Gott selbst wagte er in einer Ode anzuflehen, seinem bebenden Herzen diejenige zu geben, die er *ihm gleich* erschaffen habe, und musste sich von Lessing die spöttische Zurechtweisung gefallen lassen: „Was für eine Verwegenheit, so ernstlich um eine Frau zu bitten!"

Diese Jugendliebe noch im Herzen, lernte er auf seiner Reise von Zürich nach Kopenhagen im Jahre 1751 die Tochter eines Hamburger Kaufmannes Meta Moller (geb. 16. März 1728) kennen, die längst zu seinen glühendsten Verehrerinnen gehörte. Durch Zufall waren ihr einzelne Blätter des Messias, die eine ihrer Freundinnen zu Haarwickeln verwendet hatte, in die Hände gefallen. Sie hatte sich das Gedicht verschafft und es in einer glücklichen Nacht mit grosser Rührung gelesen. Sie hatte ihren und Klopstocks gemeinsamen Freund Gieseke gebeten, ihre Bekanntschaft mit dem Dichter zu vermitteln. Schon die erste Begegnung ist entscheidend: sie ist über seine „Süssigkeit" und Schönheit überrascht; ein ahnungsvoller Schrecken, ein Schauder fährt durch ihre Glieder; Klopstock verbirgt sein Zittern, indem er seine eine Hand mit der andern hält. Als er die Meeresfahrt nach der neuen Heimat antritt, trägt er die neue Liebe bereits im Herzen; als er im Jahre darauf wieder in Hamburg weilt, gelingt es den Liebenden die Bedenken der Mutter zu beseitigen und ihre Verlobung zu erklären.

Immer hatte Meta einen Hass gegen alltägliche Ehen bei sich gehegt; ihr schwärmerisches Gemüt hätte schlecht zu einer

solchen getaugt. Sie stammelt in ihren Briefen lauter Ausrufe, lauter Liebesversicherungen; sie fühlt sich so glücklich, dass sie jedermann ihr Glück verkündigen möchte. „Ich bin wild! wild, so als wenn Klopstock kommen sollte" ruft sie einmal aus; man meint seine Thusnelda zu hören, die dem siegenden Hermann entgegenjauchzt. In der Dichtung flammen ihre Herzen zusammen; er nennt sie sein Clärchen nach Richardsons Clarissa; in der Welt Miltons lebend und träumend dünkt es ihm, als ob sie, seine Zwillingsschwester, mit ihm im Paradiese geboren sei; seine Liebe ist ihm eine *heilige* Liebe. Sie will durch ihn noch immer besser und heiliger werden; sie will ihm ähnlich sein, soviel als sie kann: „Meine Seele stützt sich an die deinige."

Es war eine schöne glückliche Ehe, als er sie am 10. Juni 1754 nach Dänemark heimführte, „eine Vermählung der Geister" nach Richardsons Ausdruck, mit dem Meta in Correspondenz stand. Sie geht ganz in seinen Gedanken auf; sie versteht die schwere Kunst des Schweigens in vorzüglicher Weise. Während er am Messias dichtet, sitzt sie still bei ihm mit ihrer kleinen Arbeit und blickt nur manchmal zu seinem lieblichen Antlitz auf, „welches so ehrwürdig ist in Thränen der Andacht bei dem Erhabnen seines Gegenstandes", oder sie betet unterdess, dass Gott die Mühe und Erbauung segnen möge. Sie ist glücklich, wenn sie das entstandene abschreiben darf, noch glücklicher wenn er ihr es Vers um Vers in die Feder dictirt; denn „nun ist Klopstocks erstes

Manuscript immer mit meiner Hand durchschattirt, und nun kriege ich die schönen Verse noch eher zu sehen."" Wenn auch nicht gerade selbst zur Dichterin geboren, wie ihre Schwester meint, ist sie doch nicht ohne Begabung und voll feinen Stilgefühles; sie hat in Nachahmung ihres Mannes manches entworfen und gedichtet, ohne dabei auch nur im entferntesten an die Veröffentlichung zu denken.

Nichts fehlte diesem schönen häuslichen Leben als die Freude an Wachsthum und Gedeihen von Kindern. Endlich schien auch diese Hoffnung in Erfüllung zu gehen, Meta weilte bei ihren Verwandten in Hamburg; ihre Briefe an den Gatten atmen bange Sehnsucht. Statt dem Glücke eilte er dem Tode der Geliebten entgegen. Am 28. November 1758 verschied sie. Mit peinlicher Genauigkeit hat der gebrochene Gatte ihre letzten Stunden in der Einleitung zu ihren „hinterlassenen Schriften" geschildert. Sie selbst hatte die Messiasverse ausgewählt, die auf ihren Sarg geschrieben werden sollten.

Klopstock verfasste die Grabschrift; die Schwestern pflanzten die Linde über ihrem Grabe zu Ottensen. Während seines langen ferneren Lebens weilten seine Gedanken oft an dieser Stätte, wo auch er begraben sein wollte und begraben wurde. Als dreiundsiebzigjähriger sang er in der Ode „Das Wiedersehen:"

Meta Klopstock.

Lang sah ich, Meta, schon dein Grab
Und seine Linde wehn;
Die Linde wehet einst auch mir,
Streut ihre Blum' auch mir.

Dann kenn' ich auch die höhre Welt,
In der du lange warst;
Dann sehn wir froh die Linde wehn
Die unsre Gräber kühlt.

EVA LESSING.

IE inneren Gegensätze, welche Klopstock und Lessing von Jugend auf trennten und eine warme Freundschaft nie zwischen ihnen aufkommen liessen, sind auch in den beiden Frauen ausgeprägt, deren Schicksal mit dem ihren sich verband. Dort fliegen sich zwei jugendlich unreife Menschen in die Arme und leben wie im Traume selig in und mit einander weiter; hier schliessen sich zwei ältere durch Erfahrung gereifte Menschen langsam an einander an und müssen in harter Arbeit, in bitterer Qual bange Zeiten des Zweifels und der Trennung überwinden, ehe das späte Glück sich ihnen ergiebt. Dort trunkener Aufschrei, hier stumme Zurückhaltung; dort ein vorschnelles vertrautes *Du*, hier ein ehrsames steifes *Sie* bis zur Trauung; dort drängt sich die Dichtung ins Leben

ein, hier schlägt das Leben über der Dichtung zusammen und droht sie zu ersticken.

Seit dem Jahre 1756 war Eva Katharina Hahn, die Tochter eines Heidelberger Kaufmanns (geb. 22. März 1736), mit dem Fabrikanten Engelbert König in Hamburg, einem liebenswürdigen und ehrenwerthen Manne, glücklich vermählt. In der schönen Geselligkeit des gastfreien Hauses, in dem Kreise der drei munteren Kinder fühlte sich Lessing behaglich; bei einem vierten stand er am 19. October 1768 Pathe. Wir haben keinen sicheren Beweis dafür, dass eine tiefe Leidenschaft Lessing damals schon für diese Frau ergriffen und ihm den Gedanken eingegeben habe, Deutschland zu verlassen. Wol aber wissen wir, dass König beim Antritt einer längeren Geschäftsreise ihm seine Familie warm ans Herz legte und dass Lessing, als der Freund auf dieser Reise 1769 zu Venedig starb, das gegebene Versprechen treu erfüllte. Mehrmals sehen sich die beiden in den nächsten Jahren wieder. Im August 1771 ist Lessing bei Eva zu Besuche und damals war sie schwach genug, wie sie später einmal sagt, eine Neigung zu gestehen, die sie zu verbergen so fest beschlossen hatte, wenigstens so lange bis ihre Umstände eine glückliche Wendung genommen hätten.

Durch den Tod des Gatten waren die Geschäfts- und Vermögensverhältnisse des Hauses in arge Verwirrung gerathen. Es fordert unsere Achtung und Bewunderung heraus, wie diese zarte Frau mit einer schwächlichen, angegriffenen

Gesundheit sich der zerrütteten Geschäfte annimmt, mit einer Selbstbeherrschung ohne Gleichen viele Jahre ihres Lebens opfert, um ihren Kindern und Verwandten wenigstens einen Theil ihres Vermögens zu retten, die Trennung von der Heimat und ihren Kindern willig erträgt, um in Wien, wo sie zwei grosse Fabriken besass, alles selbst zu beaufsichtigen und zu ordnen. Mit scrupulöser Rechtschaffenheit, mit übertriebener von Lessing selbst getadelter Feinfühligkeit behandelt sie alle diese Dinge und der Freund, der sie am meisten dabei unterstützt, ist leider eben so sorglich und nachdenkend wie sie.

Bei alledem büsst sie ihren Humor nicht ein, geht der edleren Gefühle ihres Herzens nicht verlustig. Lessing hat es ihr wahrlich nicht leicht gemacht. Hypochondrisch, vereinsamt, verbittert, schweigt er oft Monate lang, einmal durch ein halbes Jahr; dann wieder schreibt er in grausam-melancholischer Stimmung. Oft wandeln sie Zweifel an seiner Liebe an, aber an der Gesinnung des eigenen Herzens wird sie nie irre. Es ist ein einziges Schauspiel in jener Zeit überschwänglicher Sentimentalität und überfliessender Liebesdithyramben, diese zwei geraden, treuen Menschen so einfach, schlicht und schmucklos an einander schreiben zu sehen. Auf den ersten Blick sogar herzlos. Selten ein Kosewort, eine wortkarge Liebesbetheuerung. Und doch, welche Innigkeit in diesen trockenen Briefen, welche Theilnahme an allen Kleinigkeiten des beiderseitigen Lebens, welche Sorge für Gesundheit und Zufriedenheit, für Arbeiten und Geschäfte, für Einnahmen und Schulden! Ihr Bild ist ihm ein zwar stummer und todter, aber doch ein sehr unterhaltender, sein bester und liebster Gesellschafter. Und sie verräth ihr warmfühlendes Herz, indem sie die Königin von Dänemark für die unglücklichste Person hält, falls sie Struensee geliebt habe. Nie ist Lessings reiner Charakter mit einem reineren zusammengestossen; sie wollte den Mann, der selbst um seine Existenz zu kämpfen hatte, nicht in ihre misslichen Verhältnisse hereinziehen: ‚Der Vorsatz bleibt unumstösslich: bin ich unglücklich, so bleibe ich es allein und Ihr Schicksal wird nicht mit dem meinigen verflochten!‘

Es ist eine Freude, diese begabte Frau die Welt auf ihren Reisen beobachten zu sehen. Mit dem scharfen Blick, den Lessing an ihr rühmt, zieht sie den Vergleich zwischen Nord- und Süddeutschland. Ihre Briefe aus Wien sind eine wichtige Quelle für die Cultur-Geschichte Oesterreichs in der Periode der Aufklärung; ohne eigentlich von Litteratur zu handeln, verrathen sie Kenntnis zeitgenössischer Schriftsteller und gesundes Urteil, das öfter in Sarkasmus umschlägt, wo es sich um Gegner ihres Bräutigams handelt. Sie schreibt gut, verschmäht auch ein derbes Wort nicht, wo es am Platze ist; Prüderie ist ihr gänzlich fremd. Mehr und mehr schreibt sie sich an Lessing hinan; es ist schön zu verfolgen, wie sie Worte und Wendungen aus seinen Briefen auffängt, um sie ihm in anderem Zusammenhang entgegenzuhalten, wie auch sie gerne epigrammatisch zuspitzt, was sich zuspitzen lässt. Ueberall aber bricht ihre angeborene Herzensgüte durch, und Lessing kann ihr am Ende ihrer Wiener Leidenszeit (10. Jan. 1775) zurufen: ‚Diese drei Jahre waren ein garstiger Traum für Sie; aber wirklich, man muss selbst so *gut* sein als Sie und ebenso *guten* Leuten angehören als Sie, wenn das Schlimmste endlich doch nur ein Traum gewesen sein soll.‘

Nachdem die Liebenden während Lessings italienischer Reise neuerliche schwere Prüfungen durchgemacht hatten, und alle Aussichten auf bessere Unterkunft in der Fremde vergeblich gewesen waren, gelang es ihm endlich sich seine Stellung in Wolfenbüttel für die neue Lebensverbindung zu sichern. Am 8. October 1776 fand die Trauung statt. Eva war vierzig Jahre alt, als sie mit ihren Kindern in das Haus ihres Gatten übersiedelte. Das glücklichste Jahr in Lessings Leben nahm seinen Anfang. Alle, die während dieser Zeit ihn besuchten, empfingen den Eindruck des vollsten Glückes und rühmten die edle, seiner würdige Frau.

Die kürzeste Frist sollte diesem Glücke gesteckt sein. Ende 1777 gebar Eva einen Sohn, der am nächsten Tage wieder starb. Am 10. Januar 1778 folgte sie ihrem Kinde. Lessing konnte seinen Schmerz nicht in klopstockscher Weise zur Schau stellen. Nur in wenigen Briefen hat er seiner Verzweiflung Luft gemacht. ‚Wenn ich noch mit der einen Hälfte meiner übrigen Tage das Glück erkaufen könnte, die andere Hälfte in Gesellschaft dieser Frau zu verleben: wie gern wollte ich es thun! Aber das geht nicht; und ich muss nun wieder anfangen, meinen Weg allein so fort zu duseln!' Die litterarische Polemik nimmt seine geistigen Kräfte in Anspruch. Im ‚Schlosse' zu Wolfenbüttel, wie er seine Bibliothek nennt, schafft er rastlos weiter. Kein Gedicht verkündet uns die Qualen der Einsamkeit, die Freuden der Erinnerung.

AUGUSTE BUERGER (MOLLY).

Ich hab' ein lieb Mädel, das hab' ich zu lieb,
Ja leider! was kann ich dafür?
Drum sind mir die Menschengesichter nicht hold;
Doch spinn' ich dabei nicht Seide noch Gold,
Nur Herzeleid spinn' ich ja mir.

DAS liebe Mädel, das Bürger im Jahre 1778 so besang, war Auguste-Molly, die Schwester seiner Frau. Von dem unseligen Geheimnisse, das über dem Amtshause zu Wöllmershausen brütete, müssen einzelne Gerüchte damals in die Oeffentlichkeit gedrungen sein. Er will die Neugierigen wegscheuchen, die sich um die ‚Kranken' herumdrängen und sie schelten. Er thut das Bekenntnis seiner Schwäche:

Wol übet sich Tugend, wol übt sich ja Pflicht;
Doch keiner thut mehr, als er kann.

Am 22. November 1774 hatte sich der sechsundzwanzigjährige Bürger mit der Tochter des Niedecker Amtmannes

Dorette Leonhart (geb. am 5. Oktober 1756) vermählt. Was er immer auch später gesagt haben mag, unzweifelhaft hat er das Mädchen geliebt; seine Briefe aus der Zeit des Brautstandes und der beginnenden Ehe atmen reines ungetrübtes Glück. Nur auf die Dauer vermochte das bescheidene Weib den Begehrlichen nicht an sich zu fesseln. Ohne mütterliche Erziehung war Dorette mit ihren Geschwistern im Hause des verwittweten lebenslustigen Vaters aufgewachsen, der sich wenig um die Entwicklung seiner Kinder gekümmert zu haben scheint. Eine stille Dulderin, die ruhig und ohne Klagen das ihr zu Theil gewordene Loos trägt, lebt die anspruchslose Frau dahin, dankbar für jeden Sonnenstrahl, der in ihr Elend fällt. Im Gebet erhebt sich ihre Seele; heimliches Wohlthun ist ihre Lust. Sinnig, schweigsam verschliesst sie Freude und Schmerz in sich selbst; gelegentlich gelingt ihr wol auch ein kleines Gedichtchen, das sie dann scheu vor ihrem Manne verbirgt.

Ich gestehe offen, dass mir diese Frau mit dem stillen Sinne lieber ist als die gefeierte Molly, um die der Glorienschein der Dichtung gebreitet ist; aber ich begreife, wie die um zwei Jahre jüngere (geb. am 24. August 1758), hübschere, sinnlichere Schwester jene in Schatten stellen konnte. Von dem verschlossenen Ernst Dorettens hob sich ihre Lebhaftigkeit und Munterkeit um so bezaubernder ab. Aus ihren seidenweichen blonden Locken flocht sie die Fesseln, mit denen sie den flatterhaften gefangen hielt. Und wenn wir auch andrer Ansicht sind, so müssen wir der Schilderung des Geliebten doch Glauben schenken: „Die Anmut, wenn auch gleich nicht glänzende Schönheit ihres Gesichts, ihrer ganzen Form, jeder ihrer Bewegungen, selbst des Flötentones ihrer Stimme, kurz alles, alles an ihr musste es jedem, der nicht an allen Sinnen von der Natur verwahrloset war, verraten, wes himmlischen Geistes Kind sie war. Wie nur irgend ein sterblicher Mensch ohne Sünde sein kann, so war sie es; und was sie je in ihrem ganzen Leben Unrechtes gethan hat, das steht allein mir und meiner heissen, flammenden Liebe zu Buche!"

Schon als er mit Dorette vor dem Altare stand, will Bürger nach seinem späteren Bekenntnisse den Zunder zu dieser glühenden Leidenschaft im Herzen getragen haben. Nahes Zusammenleben entfachte sie bald zur heftigen, unauslöschlichen Flamme, die wir in einer Reihe von herrlichen Liedern, am mächtigsten in der berühmten Elegie ‚Als Molly sich losreissen wollte', emporlodern sehen:

>Wie wird mir so herzlich bange,
>Wie so heiss und wieder kalt,
>Wenn in diesem Sturm und Drange
>Keuchend meine Seele wallt!
>Ach! das Ende macht mich zittern,
>Wie den Schiffer in der Nacht
>Der Tumult von Ungewittern
>Vor dem Abgrund zittern macht.

Aber Molly hatte nicht die Kraft ihren Willen auszuführen; so wallten sie denn als *freie* Schiffer auf dem Strome ihrer Liebe dahin. Auch Dora hing mit allzu inniger Neigung an dem Manne ihres Herzens; um ihn nicht ganz zu verlieren, ergriff sie jenen Ausweg, den Goethes Stella damals den Zeitgenossen gewiesen hatte. Bürger entwirft die abenteuerlichsten Projecte, sich diesem jämmerlichen Zwiespalt zu entziehen. Vergebens. Er kommt nicht los von dem Geier, der ihm täglich und stündlich das immer wachsende Herz aus dem Leibe hackt. Wie ein ewiger Refrain zieht sich jahrelang der Satz durch seine vertraulichen Briefe: ‚Es ist ein elend jämmerlich Ding um das Menschenleben!‘

Eine einzige Lösung gab es in diesen Verirrungen der Herzen und der Sinne: nur der Tod konnte hier heilend eingreifen. Am 30. Juli 1784 schied die lange kränkelnde Dora im achtundzwanzigsten Lebensjahre dahin; ein Jahr später führt Bürger seine Molly zum Altare. Ein neues glücklicheres Leben nimmt seinen Anfang; denn auch seinen früheren Aufenthaltsort, sein bisheriges Amt hatte er inzwischen verlassen. Als Privatdocent in Göttingen hofft er durch Vorlesungen und Schriftstellerei so viel zu verdienen, dass es ihnen an dem Nothwendigen nicht fehlen soll, und er rühmt sein kleines liebes Weib als gute und fleissige Hauswirtin, die dazu beitragen werde, ihm wieder auf den grünen Zweig hinaufzuhelfen, von welchem er durch so mancherlei Stürme seines vorigen Lebens herunter geschüttelt war. Aber der stärkste Sturm sollte erst über ihn hereinbrechen. Zu Weihnacht 1785 schenkte ihm Molly eine Tochter, die den Namen der

Mutter empfing; am 9. Januar 1786 erlag sie selbst einem grausamen, unüberwindlichen Fieber: ‚Sie, die Ganzvermählte meiner Seele, Sie, in deren Leben mein Mut, meine Kraft, mein Alles verwebt war‘, wie er in der Todesanzeige sagt. ‚O des kurzen Besitzes meiner höchsten Lebensfreude!‘ schreit er auf; er nennt sich einen zum Elende ausgezeichneten Menschen und starrt sinn- und gedankenlos in diese entsetzliche Nacht seines unerforschlichen Verhängnisses. In der Dichtung lässt er sie wiederauferstehen. Er flicht einen Kranz von Sonetten um das Bild der Geschiedenen und nimmt noch einmal die ganze Pracht und Fülle des Ausdrucks zusammen, um ihr in dem ‚hohen Lied von der Einzigen‘ ein bleibendes Denkmal zu setzen. Als ein liebender Schutzgeist umgibt sie ihn, warnt sie ihn vor neuer Liebe. Und nachdem das betrübende Zwischenspiel der dritten Ehe Bürgers beendet ist, da schwebt Mollys Erscheinung tröstend an das einsame Lager des Verlassenen hernieder:

> Weinend, wie zur Sühne, hub ich an:
> „Wahn, ich fände dich, o Engel, wieder,
> Zog ins Netz der Heuchelei mich nieder."
> „Wisse nun, o lieber blinder Mann",
> Sagte sie mit holdem Flötentone,
> „Dass ich nirgend als im Himmel wohne."

CAROLINE HERDER.

IT welcher Freude und Entzückung soll ich Ihnen für Ihr Gemälde danken... Für mich haben Sie alles, was Sie darauf haben sollen, um ein An- und Urbild meiner Seele zu sein: Ihre reinen Züge und Lineamente der Unschuld und Redlichkeit, Ihr sanfter, halbverschlossener Marienblick, Ihr lauterer Ernst, bei dem von fern eine kleine Schalkheit lächelt, Ihr sanftes unebenes Augenbrau und überhaupt die ganze unnennbar süsse Seele, die sich meiner Einbildung vorspiegelt. . . . Je länger ich Sie ansehe, desto mehr scheint die himmlische Seele gleichsam empor zu quillen und sich sanft zu enthüllen.‹ So schrieb der Consistorialrath Herder von Bückeburg aus im Herbste 1771 nach Darmstadt an seine Braut Caroline Flachsland.

In gedrückten Verhältnissen lebte das zwanzigjährige Mädchen (geb. am 28. Januar 1750) im Hause einer ihrer Schwestern, die an den Geheimrath von Hesse verheiratet war. In bitterster Armut war sie von der Mutter, der Wittwe eines württembergischen Amtsschaffners, neben sieben Geschwistern auferzogen worden. Die beste Jugendzeit hatte sie im Schlaf dahingelebt: wie ein Engel Gottes, wie ein Himmlischer in Menschengestalt erschien ihr der um sechs Jahre ältere Herder, der im August 1770 als Begleiter des eutinischen Prinzen nach Darmstadt kam. Der hinreissende Prediger hatte sich ihre ganze Neigung erobert. Bei Kleist und Klopstock flossen ihre schwärmerischen Gemüter in einander, und als Herder seinen Weg nach Strassburg fortsetzte, war das blonde, blauäugige Mädchen, die liebe zarte schlanke muntre Griechin, wie er sie nennt, seine heimlich verlobte Braut.

Als ein echtes und rechtes Mädchen der Genieperiode zeigt sich uns Caroline in dem Briefwechsel mit ihrem Verlobten. Mit ihrem alten deutschen Herzen will sie ihren Herder wie Meta ihren Klopstock lieben und ‚Ich bin ein deutsches Mädchen‘ erklärt sie zu ihrem Lieblingsliede. In dem Kreise empfindsamer Freundinnen, wie Luise von Ziegler und Fräulein von Rousillon, die Goethe unter den Namen Lila und Urania feierte, lernte auch Caroline ‚süsse Wehmuth als der Liebe heiligstes Heilige‘ schätzen, und pries sich glücklich, dass sie von ihrer Jugend an habe weinen können: ‚es

ist Trost und Wollust in den Thränen.‹ Sie lässt sich an ihrem Geburtstage von Lila ein blaues Herzchen an einem weissen Unschuldsband schenken, das sie gerne besingen möchte, und meldet es ihrem Bräutigam getreulich, als diese schöne Seele ihr todtes Lämmchen durch einen treuen Hund ersetzt hatte. Aber die weiche, zerfliessende Psyche kann auch feurig, glühend, leidenschaftlich sein. Ihre kühnen Träume schweifen gerne hinüber in das unbekannte Land mütterlicher Empfindung. Der unpraktische Gelehrte, der seinen Blick zu den Sternen erhebt und darüber des Lebens notwendigste Forderungen verabsäumt, erregt ihren Unwillen; obgleich sie fühlt, dass sie erst an ihn sich hinaufbilden müsse, ist ihr der lehrhafte Ton seiner Briefe bald zu trocken und pathetisch: sie gibt dem platonischen Liebhaber sein Wort zurück und beschwört eine neue leidenschaftlichere Liebeswerbung des Träumers herauf; sie lässt sich ihrem Schwager gegenüber im Zorne das Geheimnis ihrer Verlobung entschlüpfen, hat aber auch schmeichlerischen Einflüsterungen ihr Gehör nicht ganz versagt. In übermüthiger Weise hat der junge Goethe manche Züge des Herderschen Brautpaares in einigen seiner Satiren verwertet; noch kurz vor ihrer Hochzeit, die am 2. Mai 1773 stattfand, in dem ‚Fastnachtspiel vom Pater Brey, dem falschen Propheten.‹

Die stürmische Brautzeit versprach eine glückliche Ehe. In der That ist Caroline eine treffliche Gattin und Mutter geworden; hat sie schon der Bräutigam seine zweite Schöpferin, seine ewige tägliche Gedankenfreundin genannt, so hat sie diese Ehrennamen sich redlich verdient und bei der ersten längeren Trennung, die den Gatten während Herders italienischer Reise in den Jahren 1788 und 89 auferlegt wurde, konnte er ihr die Versicherung geben: ‚Ich sage Dir vor Gott, Du bist mein grösstes Glück und Gut auf Erden, dessen ich tausendfach nicht werth bin. Du übertriffst mich in allem Guten und in aller Tugend; und was ich ächtes Gute habe, habe ich durch Dich und an Deiner Seite erlangt, das ist wahr und Amen!'

Aber ganz gewichen waren die Stürme nicht. Sie erschwerten sich gegenseitig das Leben: der launische, reizbare, später gänzlich verbitterte Mann, die rasche, reizbare, auch immer noch leidenschaftliche Frau. Bei aller Herzensgüte liess sie sich leicht zu Unbesonnenheiten hinreissen; sie liebte es sich ihrem Manne gegenüber herabzusetzen: sie sei das Kreuz an das er geheftet worden sei; sei diejenige, durch die er auf seinem Lebens- und Seelenweg verirret und aufgehalten sei. Sie glaubt an Träume, Ahnungen und Prophezeiungen, sticht oft und gerne ihr Schatzkästlein auf und lässt sich durch dergleichen Dinge leicht verwirren, ängstlich und besorgt machen. Vergebens mahnt der Gatte: ‚Diese Aufschraubungen und Aufspannungen, liebes Herz, sind doch nicht gut: sie matten die Seele ab, verderben alle Stunden des reinen Genusses und nagen am Leben.'

Mit liebevoller Sorgfalt nahm sie ihrem Manne viele

geschäftliche Mühe ab; aber gerade durch ihre Leidenschaftlichkeit hat sie nach aussen hin manches verfehlt und zu der Isolirung beigetragen, in welcher Herder sich gegen Ende seines Lebens zu Weimar befand. Aus blinder Liebe zu ihrer Familie, aus ängstlicher Vorsorge für das Fortkommen ihrer Kinder überschätzt sie die ihr vom Herzog gemachten Zusagen, will sie dieselben ertrotzen, verletzt sie ihre treueste Gönnerin, die Herzogin Luise und lässt sich zu so heftigen Ausfällen gegen Goethe hinreissen, dass der Bruch mit dem alten gewissenhaften Freunde unausbleiblich ist. Scherzhaft hatte Goethe ihr einen Electrasinn zugeschrieben und sich vergebens bemüht solche Anfälle zu bändigen. Es entspricht dem milden Auge des Gatten, wenn dieser mehr eine Ariadne in ihr sehen wollte bei ihrer treuen festen Reinheit, bei ihrer liebestrunknen Grossheit und der Anmut ihrer Seele.

Sie hat es ihm aufs edelste gedankt. Nur *seinem* Andenken weihte sie die wenigen Lebensjahre, die ihr nach dem Tode Herders noch gegönnt waren. Wie später Ernestine Voss, zeichnete Caroline Herder Erinnerungen aus dem Leben ihres Gatten auf. Während aber jener die ruhigen, idyllischen Schilderungen am glücklichsten gelangen, schreibt Caroline dort am besten, wo sie die feindlichen und hindernden Dämonen charakterisirt, die nach ihrer Meinung in ihres Mannes Leben schädlich eingegriffen haben. Nicht immer hat sie das Gift zurückgehalten, wie zu Lebzeiten Herders, als sie auf einen seiner Gegner ein Pasquill machen wollte. Mit Recht hat I. G. Müller, ihres Mannes grösster Bewunderer, hier gemildert und unterdrückt. Mit unermüdlichem Fleisse half sie diesem und anderen Freunden die Ausgabe der Werke ihres Gatten vorbereiten. Die Vollendung dieses Denkmales sollte sie nicht mehr erleben. Am 15. September 1809 ist sie 59 jährig gestorben.

HERZOGIN ANNA AMALIA.

NTER den deutschen Fürstinnen, deren Andenken die Nation dankbar bewahrt, wird Anna Amalia von Weimar immer einen der ersten Plätze einnehmen. Nach dem Ausspruche eines der weisesten Regenten unseres Jahrhunderts war sie wirklich zu gross für ein kleines Herzogthum; ‚aber sie brachte in die Familie *Energie* und *höhere Eigenschaften*, als die kleinen Interessen dieser Duodezstaaten verlangen.‘ Sie hat den Grund gelegt zu Weimars geistiger Machtstellung; sie hat grosses geleistet und grösserem den Weg bereitet.

Eine braunschweigische Prinzessin, ‚aus Germaniens reinstem Heldenblut entsprossen‘, schätzte Amalia den Ruhm und Glanz ihres Hauses als ihr höchstes Gut; sie wollte des glorreichen Namens ihrer Familie würdig sein; sie wollte den kriegerischen Thaten ihrer Vorfahren Schöpfungen des Friedens an die Seite stellen; das sinkende Glück ihres Hauses zu überleben hatte ihr Herz nicht die Kraft. Eine Nichte Friedrich des Grossen, ist sie diesem ihrem Vorbilde nie untreu geworden. Während sie als jugendliche Fürstin in Schönheit und Lieblichkeit strahlte, prägten sich in ihrem alternden Antlitze mehr die männlichen und energischen Züge ihres Charakters aus, und mit Recht hat man eine Aehnlichkeit mit Friedrich II. in demselben zu erkennen geglaubt.

Am 24. October 1739 zur Welt gekommen, hat sie nach ihrem eigenen Bekenntnisse eine freudlose Jugend durchgemacht: nicht geliebt von ihren Eltern, ihren Geschwistern in allen Stücken nachgesetzt, sei sie nur der ‚Ausschuss der Natur' genannt worden. Durch diese harten Unterdrückungen zog sie sich ganz in sich selbst zurück, bekam eine gewisse Standhaftigkeit, die bis zum Starrsinn ausbrach und wurde für die schweren Aufgaben, die ihrer harrten, gestählt. Siebzehnjährig wurde sie 1756 dem durch gewissenlose Vormünder absichtlich vernachlässigten Herzog Ernst August Constantin von Weimar angetraut, sah sich aber nach dessen baldigem Tode als Wittwe, als Mutter und Vormünderin zweier Söhne, als Regentin eines durch mancherlei Unfälle heimgesuchten Landes auf ihre eigene Kräfte angewiesen. Durch sechzehn Jahre hat sie das Steuer des Weimarischen Staates mit Weisheit und Umsicht gelenkt, während des siebenjährigen Krieges kluge Politik geübt und bei vielem Unglücke alles zum Besten gewendet. Kopfüber stürzt sie sich in die Regierungsgeschäfte; sie will alles mit eigenen Augen sehen

und mit eigenen Ohren hören; mit männlichem Scharfblick versteht sie es ihre Diener zu wählen, mit feinem weiblichen Taktgefühl versteht sie es dieselben festzuhalten; sie bewahrt den treuen Ratgebern dieser bewegten Jahre eine fast unbegrenzte Dankbarkeit; wo sie aber Misfallen äussern zu müssen glaubt, setzt sie sich über alle amtlichen Formeln ungescheut hinweg. Sie sorgt gleichmässig für die inneren Zweige der Verwaltung und behält die Erziehung ihrer Söhne unablässig im Auge. Sie beruft den Verfasser des ‚goldenen Spiegels‘, den weisen Danischmend Wieland, von Erfurt als Lehrer ihrer Kinder nach Weimar; sie sucht die Härte im Charakter des Erbprinzen Karl August, die sie für ein doppelt grosses Laster bei einem Regenten hält, zu brechen, indem sie die Zügel straff anzieht und ihm sogar die herzoglichen Ehren versagt, die minderjährigen Thronfolgern sonst gewährt wurden; sie will einen ‚hochherzigen‘ Menschen aus ihm bilden. Sie muss es aber mit ansehen, dass man nur nach der aufgehenden Sonne sieht und ihm von allen Seiten Vorschub leistet; längst des Lebens müde, das sie zu führen gezwungen ist, will sie zurücktreten. Aber den Ratschlägen ihres treuen Ministers von Fritsch gelingt es, dass sie standhaft auf ihrem Posten bis zu dem Tage aushält, an welchem der grossjährig erklärte Karl August ihr die Lasten der Regierung abnimmt (3. September 1775).

Nicht ganz konnte der junge Herzog die Weisheit und den Einfluss seiner Mutter entbehren, und als beim Eintritt

Goethes in den weimarischen Staatsdienst der Minister von Fritsch seine Entlassung geben wollte, war er nur durch ihre versöhnende Stimme bewogen worden, seinen Entschluss zu ändern. Aber andere Eigenschaften ihres unerschöpflichen Wesens konnten sich erst jetzt in der stillen Zurückgezogenheit eines bescheidenen Hoflebens aufs glänzendste entfalten. Sie steigt vom Throne herunter; aber sie bleibt die Fürstin im Reiche des Geistes, im Gebiete der Wissenschaften und Künste. Ihre gesellige, lebenslustige Natur fand Gefallen an Scherz und Schabernack, an Maskeraden und theatralischen Darstellungen. Alle Musen macht sie sich dienstbar; sie treibt fremde Sprachen und Litteraturen, versucht sich als Dichterin und Uebersetzerin; mit einem jugendlichen Eifer beginnt die mehr als vierzigjährige Dame Griechisch zu erlernen „diese Sprache der Seele‘; und nicht blos mit dem liebenswürdigen Täubchen, welches aus Anakreons Hand sein Brod pickt, wird ihr wohl; auch mit der Derbheit des Aristophanes findet sie sich zurecht. Ihre Briefe an die Vertrauten, wie Merck, Knebel, die Frau Rath, sind von köstlicher Frische der Darstellung, sprühen von Leben und Witz. Sie ist die Seele des ‚Tiefurter Journals‘, das in den achtziger Jahren handschriftlich in Weimar verbreitet wurde, zu welchem sie auch eine Bearbeitung des Märchen von Amor und Psyche nach dem Italienischen beisteuerte. Wielands Rat und Belehrung hat sie sich dabei willig gefallen lassen. Sie zeichnete und malte, sie war der Musik leidenschaftlich ergeben und hat selbst componirt. Eine Freundin ländlicher Umgebung und edlen Naturgenusses, hat sie die Landsitze verschönert, auf denen sie gerne ihre Tage verbrachte. Dort versammelte sie regelmässig eine Gesellschaft geistreicher Personen um sich; es ist kein bedeutender Name von Weimar ausgegangen, sagt Goethe, der nicht in ihrem Kreise früher oder später gewirkt hätte. Als Aurora und Olympia haben sie Wieland und Herder besungen; ersterer blieb ihr zeitlebens am engsten verbunden; ihr hat Goethe die venetianischen Epigramme zugeeignet, ihr, ‚die so viel Nützliches und Angenehmes gepflanzt und gehegt hat‘, die Schrift ‚Winckelmann u. sein Jahrhundert‘ gewidmet. Aber auch die Hingabe des Volkes blieb ihr erhalten; als die Weimarischen Bürger von dem Plane ihrer italienischen Reise vernehmen, erfasst sie eine ängstliche Besorgnis für die Gesundheit der kaum Genesenen, der sie lebhaften Ausdruck geben. Unwiderstehlich zog es die edle Fürstin nach diesem Lande, das ihr für den modernen Menschen das zu sein schien, was der Fluss Lethe den Alten gewesen ist. In den Jahren 1788—90 verbrachte sie dort herrliche Zeiten, deren Erinnerung sie in der Dichtung festzuhalten versuchte. Sie fühlte sich verjüngt, ja neugeboren. 'Mit mancherlei Schätzen der Kunst und der Erfahrung ausgerüstet', betrat sie die häusliche Schwelle, um manches Glück und noch mehr Unglück mit den Ihrigen zu erleben. Die schweren Zeiten der Erniedrigung Deutschlands, die Leiden und Drangsale des unbarmherzigen Krieges haben ihren kräftigen Geist gebrochen. Am 10. April 1807 ist sie 68 Jahre alt aus der Welt geschieden. Als im Herbste dieses Jahres die herzogliche Familie in Weimar wieder versammelt war, da dichtete Goethe ein allegorisches Vorspiel, in welchem er am Schlusse das Andenken der verewigten Herzogin-Mutter aufs herrlichste feierte:

> „Doch aber bleibet immerfort auch eingedenk
> Der Abgeschiedenen, deren rühmliche Lebenszeit,
> Umwölkt zuletzt, zur Glorie sich läuterte,
> Unsterblich glänzend, keinem Zufall ausgestellt,
> Um welche sich versammelt ihr geliebt Geschlecht
> Und alle deren Schicksal sie umwaltete.
> Sie wirkte noch wie vormals, immer mütterlich.
> In Leid und Freuden bleibet ihrer eingedenk,
> Genuss, Entbehrung, Hoffnung, Schmerz und Scheidetag
> Menschlich zu übernehmen, aber männlich auch!

HERZOGIN LUISE.

EBEN der Herzogin Anna Amalia betrachtet, musste die Frau, die Karl August als Gattin heimführte, den Fernerstehenden als ein Wesen ganz andrer Art erscheinen. Amalia übte die höchste Anziehung auf jeden aus, der ihrem Bannkreise sich näherte, Luise sprach es aus tiefster Selbstkenntnis als ihre innerste Ueberzeugung aus, dass ihre Existenz auf keine andere wirken könne. Fühlte sich jene glücklich, wenn sie die Zeichen ihres Standes abwerfen konnte und eroberte sie sich dadurch schon aller Herzen, so hielt diese standhaft an ihren Rechten und wollte sie auch äusserlich zum Ausdruck gebracht wissen. Aber echte Fürstlichkeit und echte Weiblichkeit ist in beiden aufs schönste ausgebildet; bei Amalia während eines thätigen, genussreichen Lebens ins Weite und Breite entfaltet; bei der Herzogin Luise durch die

Leiden und Entsagungen einer stilleren Wirksamkeit — nach Goethes Ausdruck — ins Idyllische hinübergezogen.

Achtzehnjährig wurde die hessen-darmstädtische Prinzessin (geboren am 30. Januar 1757), die einen Theil ihrer Jugend am russischen Hofe zugebracht hatte und dort wol so in sich selbst zurückgescheucht worden war, Karl Augusts Braut und Gattin. Die Wahl des Herzogs war nicht allein durch Convenienz bestimmt worden; er fühlte sich glücklich in ihrem Besitze, er fand in ihr einen männlichen, guten, wahren und entschiedenen Charakter, auf den er die Gewissheit seines Lebensglückes gründen zu können meinte. Luisen aber erschien das Leben, in das er sie einführte, durchaus unbehaglich. Eine einsame, ungesellige, menschenscheue Natur, nahm sie Anstand an dem geräuschvollen, übermüthig genialen Treiben, das am Hofe herrschte; sie, die am liebsten die Schranken der Hofetiquette noch viel enger gezogen hätte, musste dulden, wie sie vor ihren Augen niedergeworfen wurden. Ihr trüber Ernst fesselte niemanden an sie; sie hatte kein Talent — nach Karl Augusts treffendem Worte — welches ihr Wesen einölte und biegsam erhielt; so wurde sie steif und verlor gänzlich das Bewusstsein von einer gewissen Lieblichkeit, die so nöthig zur Existenz ist. Das Pflanzenartige ihrer Natur hätte eines viel wärmeren Elementes zur Nahrung bedurft, um zu gedeihlicher Entwicklung kommen zu können. Rührend ist es zu lesen, wenn sie etwa ein Jahr nach ihrer Vermählung an ihren Seelenfreund Lavater schreibt: ‚Könnte

ich alles mit Ihnen theilen, alle Ahndungen, alle glückliche, ja auch leidende Stunden! aber unmöglich war's mir zu schreiben, ich fühlte mich zu allem unthätig: ich war fast zur Kleinmüthigkeit gesunken — aber stark! hinauf bin ich wieder gestiegen! — nichts von denen liebevollen Aussichten, alles düster und dumpf um mich her, alle Hoffnung erloschen! — Aber mein Gott hat mich nicht verlassen, giebt mir Muth alles zu ertragen, bin von neuem belebt und gestärkt, bin's immer mehr, dank's ihm unendliche Male.‹ — Spät erst schenkte sie dem Herzog den erwünschten Erbprinzen; ihre schwächliche Gesundheit wurde oft auf die Probe gestellt. Aber gerade das Unglück läutert und erhöht sie; mehr und mehr fallen die Schlacken von ihr ab; das Edle ihres Wesens tritt reiner und schöner hervor; ohne Reue, ohne Gewissensverletzung geht sie durch ihr langes Leben. Mit ruhiger Resignation erträgt sie ein hohes Alter, bis sie am 14. Februar 1830 von ihren Leiden erlöst wird.

Mit einer an Anbetung grenzenden Verehrung blickte Goethe, dessen ausserordentliches Wesen ganz in seiner Grösse darzustellen sie sich unfähig bekannte, zu der engelgleichen Fürstin empor, seitdem er sie 1774 in Frankfurt schlank und leicht in den Wagen hatte steigen sehen. Oft fiel ihm die Rolle des versöhnenden Vermittlers zwischen den Ehegatten zu. Durch ein halbes Jahrhundert hat er der Majestät ihres Wesens eine Fülle von poetischen Huldigungen dargebracht und in der edelsten Frauengestalt, die er geschaffen hat, ihr Bild für die

Ewigkeit gezeichnet. Am vertrautesten aber scheint sich die Herzogin an Herders verwandtes Temperament angeschlossen zu haben, der sie ebenso wie eine Heilige verehrte, und das Leidenschaftslose ihres Wesens schön zu würdigen verstand.

Sie hat diese Eigenschaften in den Tagen der Prüfung bewährt. Ueberzeugt, wie wenig sie ihrem fürstlichen Gemahl sein könne, hat sie in reiner Selbstentsagung jenen Brief an die Schauspielerin Jagemann geschrieben, der Karl August eine Freundin für seine fernere Lebenszeit gewinnen sollte. Sie bewies unerschütterlichen Muth und kluge Besonnenheit, als sie Napoleon nach der Schlacht bei Jena in ihrem Schlosse allein empfing, und rettete dadurch Fürst und Vaterland. ‚Madame, Sie sind wahrhaftig eine der achtungswürdigsten Frauen, die ich jemals kennen gelernt habe‘, soll Napoleon zu ihr, ‚Voilà une femme à laquelle pas même nos deux cents canons ont pu faire peur‘, soll er von ihr gesagt haben. Dankbar schreibt ihr der Gatte: ‚Ueber das, was Du für Weimar gethan hast, die Standhaftigkeit und den Muth, mit dem Du die Drangsale trugst, giebt es nur *eine* Stimme... Du hast Dir einen Ruhm erworben, würdig der vergangenen Zeiten.‘

Sucht man nach einer Formel, die alle Seiten ihres Wesens zusammenfasst, so bieten sich die Worte der Caroline Herder dar: ‚Gewiss ist sie die Krone und das Edelste von dem, was wir kennen..‘

CHARLOTTE VON STEIN.

ALS Goethe im Jahre 1775 auf der Rückreise aus der Schweiz in Strassburg mit dem Arzte und Schriftsteller Georg Zimmermann zusammentraf, zeigte ihm dieser unter hundert andern Silhouetten auch die der Frau des weimarschen Oberstallmeisters von Stein, deren Bekanntschaft er im Bade Pyrmont gemacht hatte. Goethe schrieb darunter die Worte: ‚Es wäre ein herrliches Schauspiel zu sehen, wie die Welt sich in dieser Seele spiegelt. Sie sieht die Welt, wie sie ist, und doch durchs Medium der Liebe. So ist auch Sanftheit der allgemeine Eindruck.‘ Die Worte sollten für sein Leben bedeutungsvoll werden; er sollte dieses herrliche Schauspiel erleben: noch in demselben Jahre traf Goethe in Weimar ein, und bald verband ihn mit Frau von Stein innige Freundschaft.

Charlotte von Schardt war am 25. December 1742 zu Weimar geboren, wo ihr Vater die Stelle eines Hofmarschalls bekleidete. Ihre Mutter litt unter dem Drucke des strengen Mannes; so hat sie eine ernste und trübe Jugend durchgemacht, hat nie mit einer Puppe gespielt; aber die Pracht des Sternenhimmels übte früh eine Anziehung auf ihre empfindsame Seele aus. Nachdem sie kurze Zeit Hofdame bei der Herzogin Anna Amalia gewesen war, verliess sie diesen Dienst und vermählte sich am 8. Mai 1764 mit dem damaligen Stallmeister von Stein-Kochberg, einem stattlichen Cavalier von gewandten Manieren, aber geringen Geistesgaben, der 1798 einem Gehirnleiden erlag. Die Ehe war von Seiten Charlottens ohne Liebe geschlossen, aber äusserlich nicht unglücklich. Bis zum Jahre 1774 hatte sie ihrem Gatten 7 Kinder geboren, von denen nur drei Söhne am Leben blieben. Ihre Gesundheit hatte gelitten; die Freude am Hofleben hatte sie eingebüsst; einsame Zeiten auf dem düstern Gute Kochberg hatten die Schwermuth ihres Wesens gesteigert. Sie stand in dem gefährlichen Alter von 33 Jahren, als Goethe nach Weimar kam; ihr Herz mag eben im Zuschliessen gewesen sein, als ihr der Engel begegnete, der es offen zu halten verstand.

Wie eine neue Sonne stieg Goethes glanzvolle Erscheinung über der kleinen Stadt empor. Niemand konnte sich seinem Zauber entziehen, und selbst die ihm feindlich gesinnten erlagen der dämonischen Gewalt seiner Natur. Aber in dem Innern des siegreichen Götterjünglings gährte es

heftig; sein Herz blutete noch seit der Trennung von der ihm verlobten Lili: er brauchte eine Vertraute, der er es öffnen konnte; wie ein heimatloser, unbehauster Wandrer kam er sich vor: er brauchte einen Ort, wo er sein müdes Haupt zur Ruhe legen konnte; gegen den Willen seines Vaters und fast gegen seinen eigenen hatte er sich in ein fremdes Lebenselement gestürzt: er brauchte einen unverlierbaren Halt in dieser wechselnden beweglichen Welt. In Frau von Stein fand er alles, was ihm damals nöthig war. Ihr, der älteren Freundin durfte er sein bisheriges Leben erzählen, seine Herzenserfahrungen und Enttäuschungen mittheilen; ihrer Schweigsamkeit die geheimsten Gedanken anvertrauen; sie lehrte den stürmisch-begehrlichen Selbstbeherrschung und Mass, Ruhe und Besonnenheit. Verfolgte ihn die grausame Erinnerung an seine Liebeswirren, so wurde ihm die edle, hohe Frau zur Iphigenie, die die Furien verscheuchte, ihm den Frieden seiner Seele zurückgab, ihn mit seiner Vergangenheit versöhnte. So hatte er endlich sein ganzes Innere in den goldenen Schrein ihrer Seele niedergelegt; sie hatte seine Mutter, Schwester und Geliebte nach und nach geerbt und es hatte sich ein Band geflochten wie die Bande der Natur sind. Eine Liebe und ein Vertrauen ohne Grenzen wird ihm zur Gewohnheit, und er kann sagen: ‚Ich bin kein einzelnes selbständiges Wesen. Alle meine Schwächen habe ich an Dich gelehnt, meine weichen Seiten durch Dich beschützt, meine Lücken durch Dich ausgefüllt.‘ Durch mehr als zehn Jahre hindurch ziehen sich in einer wunderbaren Reihe die

Briefe und Zettel, in denen er vom Hause und von der Reise, bei Tag und Nacht, bei Arbeit und Genuss die unerschöpfliche Fülle seines Wesens vor ihr ausgiesst. Nie hat sich die Sprache einem Liebenden bildsamer und reicher erwiesen; in immer neuen Wendungen und Worten, an das höchste angeknüpft oder mit dem niedrigsten verbunden, in schwungvoller Prosa oder in wollautenden Versen ertönt das Bekenntnis seiner Liebe, immer dasselbe und doch täglich anders, wie die ewige Melodie des rauschenden Meeres.

Leider entbehren wir der Briefe Charlottens, und aus Goethes Antworten lässt sich der Inhalt derselben nicht immer erschliessen oder errathen. Aber die Frau, die Goethe den Inbegriff alles Guten, das beste aller weiblichen Wesen genannt hat, wird uns auch von ihren übrigen Zeitgenossen mit so grosser Liebe und Verehrung geschildert, dass wir an ihrem Werthe unmöglich zweifeln können. Nur für kühlverständig und leidenschaftslos hätte man sie nie erklären sollen, da doch bis in ihr höchstes Alter ein heisses leidenschaftliches Blut in ihren Adern floss. Einen langen und schweren inneren Kampf muss sie in den ersten Jahren ihrer Beziehung zu Goethe durchgekämpft haben und unter den namenlosen Qualen, die sie dem Liebenden bereitete, hat sie selbst um so schmerzlicher gelitten; sie wehrt sich gegen die „liebe Sünde", aber sie muss sich endlich für besiegt erklären. Hatte sie dem Dichter viel gegeben, mehr noch hatte sie von ihm empfangen: sie als die erste hatte er in seine poetische

Welt eingeführt, die viel später erst der übrigen Menschheit erschlossen werden sollte; mit dem Glück ihrer Liebe hatte er auch die Sorgen und Plagen ihres Lebens mit ihr getheilt; als theures Unterpfand hatte er ihren Sohn Fritz ins Haus genommen und sich mit hingebenden Eifer dessen Erziehung gewidmet, wodurch sich ihr die Aussicht auf ein gemeinsames Leben bis in ferne Zukunft eröffnen mochte. Gänzlich war die stolze, selbstbewusste Frau in dem geliebten Manne aufgegangen. Kein Wunder, dass sie, als sie sich von ihm verlassen glaubte, ihren Schmerz in die Worte kleidete:

> Alles, Alles floh mit Dir!
> Ich allein verarmt' in mir.

Denn so beglückend dieses tiefgreifende Verhältnis für beide Theile war, den Keim seiner Auflösung musste es von Anfang an in sich tragen. Der geheimnisvolle Reiz, der es umgab, musste es auf die Dauer als drückend und lästig erscheinen lassen. Nicht immer konnte jene Beweglichkeit und Frische andauern, mit der Goethe nur nach ihren Wünschen sein Leben gestaltete und über den Mangel einer gleichmässig geordneten Häuslichkeit, einer gesellschaftlich begründeten Ehe hinwegsah. Nicht für immer konnte die alternde Freundin dem jüngeren Manne alles ersetzen, was er ihr zum Opfer gebracht hatte. Und Frau von Stein hat die Wandlung nicht mit durchgemacht, welche während Goethes langem italienischen Aufenthalte in ihm vorging. Sie gehörte zu denjenigen, die zurückgeblieben waren, die den reifer, realistischer, älter gewordenen Goethe nicht verstanden. Sie konnte es nicht übers Herz bringen, sich nur mit jener kühleren freundschaftlichen Zuneigung zu begnügen, die Goethe ihr bewahren wollte, nachdem er sich in Christiane Vulpius eine Lebensgefährtin gewählt hatte, die sie als tief unter ihr stehend ansah. In leidenschaftlich erbitterter Stimmung, liess sie es zum Bruche kommen. Fest und würdig, wie es immer Goethes Art war, schrieb er ihr die Wahrheit. Aber er liess mildere Worte nachfolgen: ‚Ich habe kein grösseres Glück gekannt als das Vertrauen gegen Dich, das von jeher unbegränzt war; sobald ich es nicht mehr ausüben kann, bin ich ein andrer Mensch und muss in der Folge mich noch mehr verändern' (8. Juni 1789).

Auch die Freundin war eine andere geworden und musste in der Folge sich noch mehr verändern. Sie selbst sagte von sich, sie sei nicht mehr so gut als vor vielen Jahren. Nur die tief gekränkte, leidenschaftlich erregte Frau, nur die verlassene Geliebte spricht aus allem und jedem, was sie von da ab in ihre vertrauten Briefe über Goethe und sein Haus mit einfliessen lässt; auch der Massstab für seine Dichtungen ist ihr abhanden gekommen. Wie eine Krankheit liegt die Erinnerung an den unersetzlichen Verlust auf ihr; der ehemalige Freund erscheint ihr wie ein schöner Stern, der ihr vom Himmel gefallen ist. In der von Goethe oft geübten Weise, die sie von ihm gelernt zu haben glaubt, will sie ihren Schmerz durch eine poetische Confession überwinden; aber sie entwirft in dem Dichter Orgon ihrer Tragödie Dido ein scheussliches Zerrbild des einst Geliebten und schreibt sich in den Aerger nun mehr hinein, von dem sie sich befreien wollte. Ihre anderen Dichtungen lassen uns kalt, und um ihr unser Mitleid nicht zu versagen, müssen wir Ausrufungen wie die folgende im Auge behalten: ‚Ich bin durch Goethes Abschied für alle mir noch vorstehenden Schmerzen geheilt worden; ich kann Alles dulden und Alles verzeihen‘ (1796).

In der treuen Sorge für ihre Kinder, besonders in der schwärmerischen Hingebung für Fritz, in dem sie ihr Ideal einer reinen und schönen Seele wiederfindet, in der patriotischen Theilnahme an den Geschicken des Vaterlandes und des Fürstenhauses, in der treuen Freundschaft mit Lotte Schiller und der Herzogin Luise hat sie ihre späteren Tage verbracht. Mit Goethe hatte sich ein leidliches Verhältnis wieder angebahnt, das fern von der alten Vertraulichkeit sich fortfristete. Sie glaubte ihm den Anblick ihres Leichenbegängnisses ersparen zu müssen und traf demgemäss ihre Anordnungen, die aber nicht befolgt werden konnten. Am 5. Januar 1827 ist sie zu Weimar gestorben. Aeusserungen des Schmerzes sind von Goethe nicht bekannt geworden.

Wir aber wollen das Bild der Beruhigerin, der Besänftigerin, der Seelenführerin festhalten, wie es Goethe 1776 in den schönen Versen gezeichnet hat:

Kanntest jeden Zug in meinem Wesen,
Spähtest wie die reinste Nerve klingt,
Konntest mich mit Einem Blicke lesen,
Den so schwer ein sterblich Aug' durchdringt.
Tropftest Mässigung dem heissen Blute,
Richtetest den wilden irren Lauf,
Und in Deinen Engelsarmen ruhte
Die zerstörte Brust sich wieder auf,
Hieltest zauberleicht ihn angebunden
Und vergaukeltest ihm manchen Tag.
Welche Seligkeit glich jenen Wonnestunden,
Da er dankbar Dir zu Füssen lag.
Fühlt' sein Herz an Deinem Herzen schwellen,
Fühlte sich in Deinem Auge gut,
Alle seine Sinnen sich erhellen
Und beruhigen sein brausend Blut.

CORONA SCHRÖTER.

IEFES Dunkel liegt bis jetzt über dem Seelenleben der viel gefeierten Weimarer Künstlerin Corona Schröter. Ob sie, wie Luise Seidler, die oft gelesenen theuren Erinnerungsblätter aus ihrer glücklicheren Jugendzeit sich mit ins Grab legen liess, ob sie dieselben vor ihrem Tode vernichtete — sie sind verschwunden. Nur wenige allgemeine, von Bewunderung überfliessende Nachrichten von Zeitgenossen sind uns erhalten, und so bleiben Goethes ehrende Verse noch immer der einzige Kommentar zu dem herrlichen Bilde, das uns ein günstiger Zufall aufbewahrt hat.

Corona Schröter war als die älteste Tochter eines unbemittelten sächsischen Musicus am 14. Januar 1751 zu Guben in der Niederlausitz zur Welt gekommen. Wie ihre jüngeren Geschwister zur Künstlerlaufbahn bestimmt, empfing sie in Warschau durch den Vater und später in Leipzig durch Johann Adam Hiller ihre musikalische Ausbildung und trat bereits in ihrem fünfzehnten Jahre 1765 als Sängerin im ‚Grossen Concert' auf, dem sie bis zum Jahre 1776 angehörte. Neben ihrer Rivalin, der berühmten Schmehling (Mara) feierte sie schon damals berauschende Triumphe. Aber ihre natürliche Einfachheit und Bescheidenheit, ein aufs höchste ausgebildetes Gefühl von Schicklichkeit und Sittlichkeit, eine ihr von früh auf innewohnende Scheu vor dem Publikum hielt sie davon ab, zur Bühne überzutreten und das Heilige ihrer Kunst gleichsam zu entweihen. Unbeirrt geht sie ihre eigenen Wege und sucht ihre künstlerische Bildung zu vervollständigen, wie sie denn als Schülerin Oesers schöne Kenntnisse in der Malerei sich aneignet. Sie weist die Bewerbungen eines älteren trefflichen Mannes, dessen Liebe sie nicht zu erwiedern im Stande ist, zurück; sie versteht es die Huldigungen der von ihrer Schönheit bezauberten jungen Männer zu zügeln. Viele haben an ihrem Siegeswagen gezogen, darunter Johann Friedrich Reichardt, und Johann Gottfried Körner. Ersterer hat es ausgesprochen, dass Coronens seelenvoller Gesang vielleicht allein ihn zu dem Künstler gemacht habe, der er geworden sei. So konnte sich auch der junge Goethe während seiner Leipziger Studienzeit dem Zauber ihres Wesens nicht entziehen; ein lieblich-freundschaftliches Verhältnis bildete sich heraus, und das trauliche, schwesterliche Du mag schon zu jener Zeit zwischen ihnen ausgetauscht worden sein.

Gerne bot daher Goethe im Jahre 1776 die Hand, um die junge Künstlerin für Weimar zu gewinnen; Ende dieses Jahres tritt Corona als Hof- und Kammersängerin in die Dienste der Herzogin Amalia. Der schönste Wirkungskreis war ihr eröffnet, auf welchem sie alle Vorzüge ihres vielseitigen Talentes entfalten konnte, ohne die Vornehmheit ihrer Gesinnung aufopfern zu müssen. Mit der ausgezeichneten musikalischen Begabung vereinigte Corona alle Theaterkenntnis, Gewandtheit und Geistesgegenwart einer routinirten Schauspielerin; in ernsten und heiteren Rollen war sie zu verwenden; immer wirkte die unendlich edle attische Eleganz ihrer Gestalt, die Wieland an ihr rühmt, auf der Bühne des herzoglichen Liebhabertheaters erfreuend und belebend. Für sie bestimmte Goethe meist die weiblichen Hauptrollen in den kleinen Stücken der ersten Weimarer Zeit, für sie die Mandandane-Proserpina, für sie vor allem die Iphigenie. In unvergleichlicher Weise brachte sie die dichterischen Gestalten des Dichters der mit und neben ihr auftrat zum Ausdrucke, und lange blieben die edlen Genüsse dieser schönen Zeit den Weimarischen Kunstfreunden in Erinnerung.

Als liebevoll-tröstender Freund und Beschützer Coronens erscheint uns Goethe nach den vorliegenden Dokumenten. Der Gedanke, der ihn bei dem Wiedersehen zu Leipzig im Jahre 1776 beschäftigte: ‚Wenn mir doch Gott so ein Weib bescheren wollte‘, mag ihn auch wol später noch manchmal verfolgt haben. Aber von einer tiefen, leidenschaftlichen Liebe wissen wir nichts. Er nimmt sie gegen des Herzogs Nachstellungen in Schutz, er fühlt sich durch die unbehagliche Unzufriedenheit, die öfter bei ihr zu Tage tritt, gedrückt und bewahrt ihr eine dankbare Gesinnung als derjenigen, die seine idealen Schöpfungen durch ihre Darstellung in Fleisch und Blut verwandelt hat. Als er daher im Jahre 1782 das Andenken des unermüdlichen Theatermeisters Mieding durch ein Gedicht ehrt, da lässt er die schöne Künstlerin an das offene Grab treten und dem geschiedenen das Abschiedswort zurufen.

  Ihr Freunde, Platz! Weicht einen kleinen Schritt!
  Seht wer da kommt und festlich näher tritt?
  Sie ist es selbst; die Gute fehlt uns nie;
  Wir sind erhört, die Musen senden sie.
  Ihr kennt sie wohl; sie ist's, die stets gefällt;
  Als eine Blume zeigt sie sich der Welt;
  Zum Muster wuchs das schöne Bild empor,
  Vollendet nun, sie ist's und stellt es vor.
  Es gönnten ihr die Musen jede Gunst,
  Und die Natur erschuf in ihr die Kunst.
  So häuft sie willig jeden Reiz auf sich,
  Und selbst dein Name ziert, *Corona*, dich.
  Sie tritt herbei. Seht sie gefällig stehn!
  Nur absichtslos, doch wie mit Absicht schön.
  Und hoch erstaunt, seht ihr in ihr vereint
  Ein Ideal, das Künstlern nur erscheint.

Aber das rasch vergängliche eines Künstlerruhms sollte auch Corona an sich erfahren. Jüngere Kräfte, zu deren

Ausbildung sie theilweise selbst beitrug, wuchsen neben ihr heran; sie trat in den Hintergrund. Die Sorge für ihre Familie lag schwer auf ihr, und sie selbst lebte einsam, nur mit einer treuen Genossin, die ihr von Leipzig her gefolgt war. Mit Frau von Kalb, der sie etwas näher trat, theilte sie die Begeisterung für Jean Paul; Johannes Falk schloss sich ihr verehrungsvoll an; aber eine späte Liebe zu dem Kammerherrn von Einsiedel warf über ihre letzte Lebenszeit düstere Schatten. In der Kunst fand sie Trost und Freude und nachdem sie ihre grosse Schüchternheit überwunden hatte, veröffentlichte sie auch zwei Hefte ihrer Compositionen. In dem stillen Ilmenau, wo sie ihre Sommer zuzubringen pflegte, starb sie an der Auszehrung den 28. August 1802. Ohne sichtbaren Eindruck ging ihr Tod an den Weimarer Freunden vorüber. Nur die warme Verehrung der jugendlichen Prinzessin Caroline und Knebels Fürsorge stifteten auf ihrem Grabe ein sinnig-bescheidenes Denkmal.

CHARLOTTE VON KALB.

AS menschliche Leben ist ein Traum, der Frauen Leben sind zwiefache Träume‹, schreibt Charlotte von Kalb an Jean Paul. Und in der That hat diese tief unglückliche Frau, die von Kind auf die Welt nur in einem Dämmerscheine sah und endlich in die Nacht der Blindheit versank, immer ein Traumleben geführt. In ihr und um sie ist es nie hell geworden. Ahnungen und Träume verschlingen sich in ihre Entwickelung; mit ihren allegorisirenden Visionen, deren Verklärung und Glut Jean Pauls Entzücken erregen, ist sie den ekstatischen Nonnen des Mittelalters nicht unähnlich. Sie lebt mehr in dieser schattenhaften Welt als in der wirklichen, eine Nachtwandlerin, die nur zu oft aus dem Schlafe geweckt wird; krank und unbefriedigt geht sie durchs Leben und hart an der Grenze des Wahnsinns führt ihr Weg vorbei. Die Summe der Existenz zieht sich ihr daher in die

Erkenntnis zusammen: ‚Ohne zu wissen, wie sie entstanden, umfasst Trauer das pilgernde Leben. Wenn auch auf dem Pfad uns Holdes begegnet, der Schein verschwindet, es war kein Segen; denn 'wo du auch schreitest, ist jedes von Wahn, von Todesstaub umhüllt.‛

Charlotte stammte aus dem angesehenen fränkischen Adelsgeschlechte Marschalk von Ostheim und wurde am 25. Juli 1761 zu Waltershausen im Grabfeld geboren. Die Geschichte ihres Jugendlebens gleicht einem Romane. Von den Eltern, die einen Knaben erwartet hatten, verwünscht, trat sie ins Dasein. Nach deren frühen Tode musste sie mit ihren Geschwistern das väterliche Schloss verlassen: ‚Die Thüren wurden gewaltsam zugeschlagen, verriegelt, verschlossen ... und so unter klirrendem Geräusch und Stossen der Versiegelung giengen wir langsam, leise die Stufen der hohen Treppe hinab.‛ Heimatlos wird sie umhergetrieben; an bedeutenden Menschen ihrer Zeit nur im Fluge vorbeigeführt; sie geht aus einer erziehenden Hand in die andere, ohne eigentlich erzogen zu werden. Das scheue, einsame in ihrer Naturanlage steigert sich zum unweiblichen und ungraziösen. Wie Frau von Stein hat sie niemals mit einer Puppe gespielt, aber auch in dem Anblick der Sterne Trost und Erhebung zu suchen war ihr versagt. Ihr Hang zur Schwärmerei wird durch religiöse Einwirkungen genährt; sie behält eine Vorliebe für klösterliches Leben. Früh findet sie Gefallen an Sagen und Erzählungen; ihr jugendliches Herz erglüht in Liebe und Theilnahme zum arbeitenden Volke. Zwei Jahre bringt sie am Krankenbette ihrer leidenden Pflegemutter zu und während dieser Zeit war ihr Natur und Jugend wie mit einem Leichentuche bedeckt. Schaudernd sieht sie zwei ihrer Geschwister ins Grab sinken und sie konnte von sich sagen: ‚Als Kind habe ich ausgeweint.‘ Durch alle diese Prüfungen aber war, wie sie selbst einsah, ihr besseres Wesen nicht nach seinen Kräften gebildet, nicht hinreichend zur sittlichen Kraft erhöht worden.

Charlotte war zweiundzwanzig Jahre alt, als sie aus Familienrücksichten mit ihrem Schwager Heinrich von Kalb vermählt wurde (25. Oktober 1783.) ‚Gegenseitig war es wohl weder Wunsch noch Neigung — der Gleichmuth des Leidens.‘ Als französischer Offizier hatte Kalb mehrere Jahre unter Stürmen und Gefahren in Amerika zugebracht, für das Seelenleben der wild-idealistischen Frau hatte er wenig Verständnis; sie waren in tiefster Wesenheit geschieden und blieben es, aber es stellte sich zu Zeiten ein ruhiges, gemässigtes Verhältnis her. An den verschiedensten Orten verlebte sie die folgenden zwanzig Jahre; Mannheim und Weimar waren die Schauplätze ihrer Herzenskämpfe.

In den Anfang ihrer Ehe (1784—87) fällt ihr leidenschaftliches Verhältnis zu Schiller; zehn Jahre später (1796-99) das ähnliche zu Jean Paul. In der Blüthe ihrer Jugend trat die träumerische Frau dem Dichter der Räuber entgegen, und entfesselte in ihm eine glühende, aufreibende, verzehrende

Leidenschaft. Während er aber die Rechte des Herzens über die Pflichten der Ehe zu stellen geneigt war, wollte Charlotte ihn mit sich emporreissen in die ätherischen Gefilde ihrer Phantasien: ‚Unsere Liebe gehört zu den Eigenschaften unserer Seele — sie kann nur mit dieser zerstört werden — die Ewigkeit ist ihr Ziel! Der Glaube an Unsterblichkeit unsere Hoffnung!' Erst als Schiller des hochgeschraubten unnatürlichen Verhältnisses überdrüssig war und sich das Liebesband mit Lotte von Lengefeld zu knüpfen begann, wollte Charlotte sich ihm ganz in die Arme werfen und sich von ihrem Manne scheiden lassen. Wie eine Rasende geberdete sich die empörte Frau, als sie ihr Ziel verfehlte, und scheute selbst vor niederen Intriguen nicht zurück, die ihr auch die Achtung ihrer Freunde raubten. Aehnlich wiederholt sich wenigstens der zweite Theil dieses Dramas mit Jean Paul. In seinen Schriften hatte sie ihn als einen Geistesverwandten erkannt und in ihre Nähe gezogen; aber sie überschätzte den Titanismus seines Felsen-Ichs auf Kosten des weichen und idyllischen Elementes seiner Natur. Wieder ist sie die Werbende, wieder ist sie zur Trennung ihrer Ehe bereit und wieder muss sie eine glücklichere als Gattin an der Seite des Geliebten erblicken. In ihren Briefen an Jean Paul können wir beobachten, wie aus dieser bedeckten Seele oft ein breiter, glühender Strom hervorbricht: ‚Halte meine Seele fest, dann will ich den Flug ins Unendliche wagen! Ich will nichts, aber Dir will ich das Oelblatt und den Myrtenzweig bringen und Violen und Rosen um Dein Haupt winden. Die Sorge soll entfliehen, und die Innigkeit soll jeden Augenblick des Lebens — er mag Namen haben wie er will, mit gleichem Wert fassen; und Dein Vertrauen, Deine Erinnerungen, die Du mir giebst, sollen gleich einer Perlenschnur seliger, bereichernder Ideen in meiner Seele verwahrt sein. Und nur Du sollst mich immer schöner dadurch geschmückt erblicken.‹ Beide Dichter haben Züge ihrer Erscheinung in der Poesie verwertet, Schiller in den Frauen des „Don Carlos‘, Jean Paul in der Linda des Titan. Beide haben zugestanden, dass sie durch ihre rege Empfänglichkeit und Theilnahme ihre Entwickelung gefördert habe und mit beiden gestaltete sich ein freundschaftlich ruhiger Verkehr langsam heraus. Reiner und schöner war ihr Verhältnis zu Hölderlin, der mit der Verehrung eines Sohnes an ihr hieng; und Herder wie Goethe haben in Weimar treue Nachbarschaft mit ihr gehalten.

Alle Dichter und Schriftsteller, mit denen sie im Leben verkehrte, haben in Charlottens Dichtungen Spuren zurückgelassen. Ein Schatz von Poesie ruhte in ihrer Seele; schon als Kind sagte man von ihr, dass sie lauter Oden und Gedichte spreche; eine ausgebreitete Lectüre nährte ihre Phantasie: sie war mit den Alten vertraut; die französischen Tragiker waren ihr geläufig; an Montesquieus und Pascals Gedanken knüpfte sie gerne die ihrigen an. Goethes stilvoller Realismus, wie er in „Hermann und Dorothea‘ sich äusserte, musste ihr freilich fremd bleiben; in Matthissons und Kosegartens Gedichten schmolz ihre Seele dahin. Aber sie verfolgte die zeitgenössische Litteratur bis in ihr hohes Alter, noch Kleist und Grillparzer haben auf sie eingewirkt. Die Frauen hielt sie auf einer höheren Stufe der Menschheit für berufen zur Schriftstellerei: ‚Wenn der Geist und das Herz mehr verstanden wird, und die Natur reif ist für die reinste Wahrheit, dann dürfen, dann sollen Frauen reden und schreiben.‘ So wollte auch sie allen Reichthum ihrer äusseren und inneren Erlebnisse in einem ‚Seelenwerke‘ niederlegen, in dem Roman ‚Cornelia‘, dessen erste Theile sie noch Schiller und Jean Paul mittheilte, den sie jedoch erst spät vollendete. Bei aller Formlosigkeit der Composition zeigt Charlotte eine echte dichterische Anlage. Sie ist eine Virtuosin im düstern, ahnungsvollen Stimmungsbild, in der Landschafts- und Naturmalerei. Aber ihre Menschen leben und weben in demselben mystischen Halbdunkel, in welchem sie selbst dahindämmerte. Mit Anlehnung an Schiller und Goethe, an Hölderlin und Jean Paul hat sie sich einen eigentümlichen pathetischen Stil geschaffen, der sich in den Memoiren der achtzigjährigen Greisin bis zu biblischer Weihe und rythmischer Bewegtheit steigert. Aus der Tiefe der Seele holte die Sinnende ihre Erinnerungen herauf und hüllte sie in die Form orakelhafter Sprüche. So enthält das in seiner Art einzige Buch eine sonderbare Mischung von Wahrheit und Dichtung; voll von Geistesblitzen und poetischen Schönheiten ist es ein Abbild der lebensmüden Frau, die es diktirte.

Durch die Unredlichkeit ihres Schwagers war Charlotte um ihr Vermögen gekommen, und auf dürftigen Selbsterwerb angewiesen. Schon seit Anfang des Jahrhunderts hatte sie sich in merkantilischer Betriebsamkeit geübt und auch ihre Freunde mit Aufträgen nicht verschont. ‚Das Leben ist rund und man muss es von allen Seiten fassen.' Dies setzte sie fort, nachdem sie 1804 nach Berlin übersiedelt und 1806 durch den Selbstmord ihres Gatten Wittwe geworden war. Aber grössere Projecte wälzte sie in ihrer Seele; lange trug sie sich mit dem Plane eine Erziehungsanstalt für Mädchen ins Leben zu rufen, suchte verschiedene hochgestellte Persönlichkeiten dafür zu gewinnen und versprach sich von der Einfalt und Sorgfalt ihrer Erziehung nach zwei Generationen eine andere gesellschaftliche Welt. 1820 erblindete sie gänzlich und erhielt nun durch die Gnade der Prinzessin Wilhelm von Preussen, bei der ihre Tochter Edda Hofdame war, eine Wohnung im königlichen Schlosse, wo sie noch dreiundzwanzig lange Jahre ihr dunkles Leben fortführte (gest. 12. Mai 1843). Varnhagen schildert sie noch vor ihrem Tode als die Sybille, die Titanide, welche sie gewesen war: noch immer tiefsinnig, vornehm, heiter, lachend, voll ruhiger Leidenschaft und Religion. Es hatte sich an ihr erfüllt, was sie in ihren Memoiren schreibt: ‚Die Beschaulichkeit ist das beste Loos, sowol der Weisen, wie des Alters. Der höchste Grad ist Religiosität.'

LOTTE SCHILLER.

N hochherziger Weise hat Schillers Tochter Emilie den Briefwechsel ihrer Eltern aus der Zeit ihres Brautstandes, den sie als theures Vermächtnis überkommen hatte, im Jahre 1855 dem deutschen Publikum zum Geschenke gemacht. Die reiche, schöne Sammlung ist ein Hausbuch im besten Sinne des Wortes geworden, und je mehr die Nation die edle Frau, die Schiller sein eigen nennen durfte, seitdem kennen gelernt hat, desto inniger hat sie dieselbe ins Herz geschlossen. Und mit Recht; denn man darf mit dem Herausgeber ihres Nachlasses behaupten: eine bessere Frau und Mutter hat es nicht gegeben.

Charlotte von Lengefeld wurde am 22. November 1766 zu Rudolstadt geboren. Die Erzählungen ihres ausgezeichneten Vaters, den als ersten Forstmann seiner Zeit Friedrich der Grosse vergebens in seinen Dienst zu ziehen versuchte, senkten eine Sehnsucht nach der freien Natur in ihre Seele, die sie nie mehr verliess, brachten ihr aber zugleich eine kräftige Anschauung von dem Treiben der Welt bei, die dem Kinde verschlossen war. Nach dem frühen Tode des Vaters war sie der Erziehung ihrer trefflichen, that- und willenskräftigen Mutter anvertraut, die, wie sie selbst später eine wichtige Stelle am fürstlichen Hofe zu Rudolstadt bekleidete, auch die jüngere Tochter für den Hofdienst bestimmte und ihre Verbindungen mit Weimar diesem Zwecke dienlich zu machen suchte. Eine Reise nach der französischen Schweiz (1783—84) sollte den Abschluss dieser Erziehung bilden.

Der Anblick der grossartigen Schweizer Natur, deren Bewunderung sie sich in der innigsten Seelengemeinschaft mit ihrer älteren Schwester Caroline und im Geiste Rousseaus hingab, schwellte ihre Brust. Eine schmerzliche Sehnsucht nach dem Genfersee wandelte die Schwestern nach ihrer Rückkehr oft an, die bei Charlotte durch die Erinnerung an erstes Liebesleid noch gesteigert wurde. Eine herzliche Neigung, die sie später zu einem edlen und liebenswürdigen Engländer fasste, musste sie gleichfalls aufgeben, da die äusseren Umstände ungünstig waren. Trauernd musste sie den Geliebten übers Meer ziehen sehen und die Wehmut des Abschiedes tönte lange in ihrem Wesen nach. „Der Gedanke ist süss — schreibt sie am 21. November 1787 in ihr Tagebuch — dass du, schöner Abendhimmel, mit all deinen

Sternen und dem schönen Mond alle meine Lieben umgibst. Süss sei ihnen der Abend; möchten sie die Nähe meines Herzens fühlen. Wohl uns, dass die Seele über Berge, Thäler, Länder und Meere sich heben kann! Aber süsser noch wäre es, wenn wir das Umschweben unserer Lieben fühlen könnten. Es sollte nicht so sein, wäre uns wohl nicht nützlich; darum ist es gut, wie es ist; aber es ist dennoch ein schöner Traum, dass es nicht bloss Ahnung, Hoffnung, sondern Möglichkeit wäre!"

In diese Zeit fällt ihre Bekanntschaft mit Schiller, der nach einer flüchtigen früheren Begegnung der Familie durch Wilhelm von Wolzogen zugeführt wurde, Lotte in Weimar näher trat und endlich den Sommer 1788 in einem Dorfe bei Rudolstadt verbrachte, im freundnachbarlichen Verkehre und lebhaftesten Gedankenaustausche mit dem Lengefeldischen Hause. Was ihn zu Lotte mit unbezwingbarer Gewalt hinzog, war vor allem die stille, sanfte Gleichheit ihrer Seele, die so wohlthuend abstach von dem gespannten und geschraubten Wesen der Frau von Kalb. Eine graziöse Munterkeit und Schalkhaftigkeit, mit einem leisen Hange zur Schwermut und zum Ernste gepaart, ergab eine gleichmässig heitere und ruhige Stimmung ihres Gemüthes. Von Goethe seit ihrer Kindheit geliebt und geschätzt, von dem sicheren Takte der Frau von Stein geleitet, von Lavaters Priesterhand gesegnet, vom Hauche Ossians berührt, musste ihm Lotte als die Verkörperung der zartesten und edelsten Weiblichkeit erscheinen.

Und sie, die zwar immer zu Schillers Geist sich hingezogen gefühlt hatte, die Tiefe und den Reichthum seines Innern aber erst jetzt völlig erfassen lernt, wird nun in seine Gedanken und Gefühlskreise hineingezogen. Auf dem Boden genauester Wesenskenntnis und erhabener Freundschaft wächst mächtig und unaufhaltsam das Glück ihrer Liebe empor.

Und doch haben diese beiden auserwählten, reinen Menschen, der gährenden Zeit, in welcher sie lebten, in der die Begriffe von Freundschaft, Liebe und Ehe sich so merkwürdig verrückt und vermischt hatten, ihren Tribut bezahlen müssen. Zugleich mit Lotte trat ihre Schwester Caroline in Schillers Seele ein; wie zu *einer* Gestalt verflossen, stehen ihm die beiden Schwestern vor Augen und die Träume, die ihm während seines Brautstandes das künftige Leben ausmalten, gaukelten ihm eine unauflösbare Seelengemeinschaft mit beiden Schwestern vor. Beide ergänzen sich ihm zu einem Idealgeschöpfe, das seine kühnsten dichterischen Phantasien wahr machen sollte. Wenn er schreibt, ist sein Brief an beide gerichtet, oder es geht an jede ein eigenes Schreiben ab, und staunend hört man, wie auf den Lippen des Liebenden das einfache Du sich in die Zweizahl verwandelt und wieder in die Einzahl sich auflöst. Noch drei Monate vor der Hochzeit können wir da lesen: „Wäret ihr schon mein! Wäre dieses jetzige Erwarten das Erwarten unsrer ewigen Vereinigung! Meine Seele vergeht in diesem Traume. Schon im lebhaften Gedanken an euch fühl ich meine Seele reicher, göttlicher und reiner, ich fühle wie alles streitende in mir in einer süssen Harmonie sich versöhnt, und alle Gefühle meiner Seele in einem höhern schönern Wohlklang dahin fliessen. Was wird es sein, wenn ihr mir wirklich gegeben seid, ihr meine Engel, wenn ich Leben und Liebe von euren Lippen athmen kann!' Bange Zweifel und schwere Sorgen mussten da in Lottens Seele aufsteigen und ihr die Zukunft verdüstern. Sie konnte ihre Aengstlichkeit auch vor ihrem Verlobten nicht zurückhalten. Und dieser muss ihr zugeben, dass Caroline, die ihm näher im Alter und darum auch gleicher in der Form ihrer Gefühle und Gedanken sei, mehr Empfindungen in ihm zur Sprache gebracht habe als sie: ,aber ich wünschte nicht um alles, dass dieses anders wäre, das *Du* anders wärest als Du bist. Was Caroline vor Dir voraus hat, musst Du von mir empfangen; Deine Seele muss sich in meiner Liebe entfalten, und *mein* Geschöpf musst Du sein, Deine Blüthe muss in den Frühling meiner Liebe fallen.'

Lottens stille Anhänglichkeit und die sanfte Hingabe ihrer Liebe trug den Sieg davon über die unruhige Leidenschaftlichkeit ihrer Schwester, die in andere Bahnen abgelenkt wurde, und nur ihre treue, sichere Freundschaft und Dankbarkeit umgab das festgegründete Glück, das Lotte in ihrer Ehe fand. In dem schlichten Kirchlein zu Wenigenjena wurden Lotte und Schiller in grösster Stille, nur in Gegenwart der Mutter und Carolinens am 22. Februar 1790 getraut. Der Segen der Liebe trug Lotte empor über die Wellen des Lebens. Immer reiner und klarer ging ihr Schillers einzige hohe Natur auf; durch ihn gebildet und gehoben, genoss sie immer reiner den Anblick seines Geistes und eignete sich seine Ideen in einer Weise an, die sie oft selbst erstaunen machte. Als sorgsame Hausfrau und liebevolle Mutter waltete sie an seiner Seite und benutzte die freien Stunden, die ihr verblieben, um durch bescheidene litterarische Arbeiten, die sie ohne ihren Namen in die Welt gehen liess, auch zum Erwerbe etwas beizutragen. Mit unermüdlicher Opferwilligkeit stand sie dem Leidenden bei und als durch seinen Tod die Sonne ihres Glückes sich verfinsterte, trug sie die Beruhigung in sich, dass sie alles gethan habe, um ihn vor unangenehmen Eindrücken im Leben zu bewahren, dass er vielleicht ohne sie nicht so lange für die Welt gewirkt hätte.

Dem stillen Schmerze ist ihr Leben geweiht; das Andenken des Geschiedenen umschwebt sie:

„Nur durch den Himmel noch mit dir verbunden,
Such' ich auf Erden trauernd deine Spur!"

Liebevoll sammelte sie die Denkmale seines Geistes; sie stellte das Material zusammen, aus welchem Körner die erste Gesammtausgabe der Schillerschen Werke gestalten konnte; ja sie begann Schillers Leben zu schreiben, aber als sie die erste Begegnung mit ihrem Gatten zu schildern hatte, entsank ihr die Feder, und erst ihre Schwester konnte das begonnene Werk fortführen und vollenden. Die Entwickelung der deutschen Litteratur verfolgt sie mit zweifelndem Blicke und sieht in ihr einen Abfall von der reinen Höhe Schillerischer Kunst; sie hasst das Skorpionsgeschlecht der Romantiker, welches mit seinen Zangen das Schöne und Grosse erdrücken möchte, weil der einseitige Geist nicht es zu erfassen die Fähigkeit habe; Tiecks Phantasus kommt ihr vor wie im Wahnsinn geschrieben. Dagegen hält sie fest an der Verehrung Goethes auch in seinen späteren Werken. Die Unglückstage Deutschlands erträgt sie mit standhafter Seele, mit dem zuversichtlichen Glauben an Deutschlands künftige Einheit und an Preussens heiligen Beruf. Sie fühlt im Jahre 1813 den Drang in sich, Wunden zu heilen und Kranke zu pflegen, und in den Chor der Sänger, die zum Freiheitskriege aufmuntern, fällt auch sie mit leiser Stimme ein.

Von der Liebe der ganzen Nation getragen, von einer Reihe treuester Freunde umgeben, die nichts unterliessen, was ihre und ihrer Kinder Zukunft sichern konnte, verlebte sie in Weimar die Jahre der Erinnerung und des Alters. Am 9. Juli 1826 erlag sie in Bonn, wohin sie zum Besuch ihrer Söhne gereist war, den Folgen einer Augenoperation.

Wie sie eine echt harmonische Natur gewesen ist, so hat der Glaube an die Harmonie der Welt ihr frommes Gemüt bis zu Ende nicht verlassen. Noch aus ihrem Todesjahre liegt uns die folgende Aufzeichnung vor: „Generationen mögen leiden, fürchten, hoffen und zu Grunde gehen, es ist nicht für eine Existenz allein, dass sie da sind. An die grosse, gütige, harmonische Seele der Welt müssen wir lebendig glauben, an die Hand der Allmacht, die die verworrenen Fäden des Menschenschicksals auflöset und endlich Ruhe, Harmonie, Ordnung sich verschaffen kann und wird in dem Chaos der Verwüstungen, in die die menschlichen und dämonischen Leidenschaften der Welt Harmonie stürzen.«

CAROLINE VON WOLZOGEN.

LEICHMASS und Ruhe treten uns bei Lotte Schiller als die bezeichnendsten Züge ihres Charakters entgegen, leichte Erregbarkeit und fiebernde Unruhe waren ihrer Schwester Caroline zeitlebens eigen. Lottens Wesen strahlte in sonniger Klarheit, in Carolinens mehr hinträumender als hellbesonnener Existenz fand Schiller in edlerer, geläuterter Weise, ohne die störenden Eigenschaften wieder, was ihn an Frau von Kalb durch kurze Zeit gefesselt hatte. Die Heiterkeit und Gewandtheit, mit der Caroline alle Verhältnisse zurecht zu legen, alle Misstimmungen auszugleichen strebte, hatte sie mit ihrer Schwester gemeinsam; aber sie lebte weniger in der Wirklichkeit als diese; die schwankende Leidenschaftlichkeit und Unbeständigkeit ihrer Seele hat sie nie zu dem reinen Glücke Lottens gelangen lassen; in einer Fülle von hochflu-

tenden Beziehungen hat sie, deren lebhafter Empfindung Liebe und Freundschaft eins war, den Reichthum ihres Herzens vergeudet. Lotte ist schöner, lieblicher, anmuthiger; Caroline bedeutender, interessanter; ihre grössere Begabung, ihre geschultere Phantasie haben ihr einen schriftstellerischen Ruhm erworben, auf den die bescheidenere Schwester gern verzichtete. Und so möchte wohl Carolinen, auch wenn sie nicht Schillers Genius auf seine Flügel genommen hätte, das Andenken der Nachwelt gesichert sein, während Lottens edles Bild in diesem Falle für uns verloren wäre.

Um drei Jahre älter als Lotte, unter denselben Bildungseinflüssen aufgewachsen, wurde Caroline (geb. 3. Februar 1763) als sechzehnjähriges Mädchen mit einem jungen Manne aus der angesehenen Rudolstädtischen Familie von Beulwitz vermählt. Sie selbst nennt ihn einen sehr geraden, ehrlichen, edlen und verständigen Menschen; auch dass er Carolinen und ihrer Familie noch in späterer Zeit seine Anhänglichkeit bewahrte, spricht zu seinen Gunsten. Aber durch eine gewisse Launenhaftigkeit, die manchmal bis zur Grobheit gieng, hat er Caroline, deren angeborene Reizbarkeit durch eine Nervenkrankheit in der Schweiz gesteigert worden war, arg gequält, und die Tiefen ihres Wesens hat er nicht bewegt. Da eröffnete ihr die Freundschaft mit Schiller ein neueres, schöneres Leben; ihr Dasein wurde weiter, reicher und wahrer durch die Aufschlüsse seiner grossen Seele, deren Zauber sie sich gänzlich gefangen gab. Mit wehmüthiger Begeisterung

hat sie noch spät den Eindruck geschildert, den jener erste glückliche Sommer in ihr zurückgelassen hatte: hoher Ernst und anmuthige geistreiche Leichtigkeit des offenen reinen Gemüthes wären in seinem Umgang immer lebendig gewesen; wie zwischen den unwandelbaren Sternen des Himmels und den Blumen der Erde wandelte man in seinen Gesprächen „Wie wir uns beglückte Geister denken, von denen die Banden der Erde abfallen und die sich in einem reinern leichtern Elemente der Freiheit eines vollkommeneren Einverständnisses erfreuen, so war uns zu Muthe‛ Schiller brachte sie zum Bewusstsein ihres inneren Wertes; er erkannte alles edle ihrer Seele: „Den schönsten Strahl möchte ich nehmen vom Licht der Sonne, wie Iphigenie, und ihn vor Dich niederlegen, das reinste in der Natur, rein wie Du selbst bist, und in seiner Einfachheit unvergänglich, wie Deine Seele‛ In dumpfer Leerheit lag das vergangene Leben hinter ihr, in der die besten Saiten ihres Wesens einsam verklungen waren. Wie Lotte sich unbefriedigt von der Oede und Seichtigkeit des Hoflebens abwandte, seitdem sie Schiller auf höhere Ziele hingewiesen hatte, so empfand auch Caroline seit jener Zeit die Bande ihrer Ehe immer mehr als drückende Fesseln. Aber darin liegt das Tragische ihres Lebens, dass ihr weder an der Seite Schillers noch des von ihr heiss geliebten Karl von Dalberg, der mit der ganzen Weichheit eines schwärmerischen Gefühlsmenschen an ihr hing, ein neues Lebensglück erblühen sollte; sie reichte daher 1794 nach der Scheidung von Beulwitz ihrem Verwandten und Jugendfreunde Wilhelm von Wolzogen ihre Hand, dessen stille Neigung allmälig zu einer glühenden Liebe sich entwickelt hatte. Wieder war es bei ihr keine tiefe Leidenschaft, was sie mit dem Gatten verband; aber in zufriedener Lebensgemeinschaft wusste sie doch, wem sie angehörte. Durch Wolzogens Uebertritt in Weimarsche Dienste wurde Caroline ein theilnehmendes Glied des dortigen Kreises, eine Genossin von Schillers grosser schöpferischer Periode. Zweimal folgte sie ihrem Gatten nach Paris, das ihr so unendlich neue und vielfache Ansichten gab, dass sie sich wieder so muthig, stark und frei fühlte, als sie sich in der ersten Jugend geträumt hatte. 1809 wurde ihr der ehrgeizige, kränkliche Gatte durch den Tod entrissen; die Erziehung ihres einzigen Sohnes blieb der schwachen Mutter allein anvertraut. Aber auch ihn musste sie in der Blüte seiner Jahre, sowie alle, die sie geliebt hatte, vor sich ins Grab sinken sehen. Spät erst fand sie die Fassung, ihr Unglück zu ertragen. Da auch ihr Vermögen gelitten hatte, lebte sie in stiller Zurückgezogenheit in Jena, wo sie als die Letzte aus den Tagen der Weimarschen Glanzzeit, fast 84 Jahre alt, am 11. Januar 1847 ihr Leben beschloss.

Schon früh hat Caroline sich als Schriftstellerin versucht; unter der Aegide der Frau von La Roche traten ihre Reisebriefe aus der Schweiz in die Welt. Aber erst seitdem sie ganz in die litterarischen Kreise hineingezogen war, übte sie ihr Talent stärker aus; die Schillerschen Zeitschriften öffneten sich ihren Arbeiten und die Schillersche Redaction, wenn diese sich auch nur durch Wegstreichen und Zusammenziehen geltend machte, kam dem ersten Band ihres Romans ‚Agnes von Lilien‘ zu Gute, der, eine liebliche Nachblüte des ‚Wilhelm Meister‘, auch Goethes Antheil erregte. Während ihres Pariser Aufenthaltes, der für ihre Phantasie ein wahres Bildungsmittel ist, entwirft sie neue Romanpläne, sammelt sie in Gemüth und Sinn reichhaltigen Stoff an, zu dessen Verarbeitung ihr späteres ruhiges Leben Gelegenheit darbot. Wie ihr die Probleme der Liebe und Ehe im Leben so viel zu schaffen machten, wie sie die Wahlverwandtschaften unaussprechlich ergreifen und ihr ihre eigene Natur wieder in allen Tiefen aufschliessen, so bewegen sich auch ihre Dichtungen gerne auf diesem Pfade. Das sinnige deutsche Mädchen, das sie schon in der Agnes dargestellt hatte, führte sie nochmals in ihrem zweiten grossen Roman ‚Cordelia‘ vor, der sie ein Decennium hindurch beschäftigte, in dem sie das Treiben der grossen Welt und das Familienleben in ihrer Wechselwirkung auf einander schildern wollte und der die deutsche Erhebung des Jahres 1813 zum Hintergrunde haben sollte. Wie schon in der Agnes vieles ihrer eigenen Seele entnommen war, so sind noch mehr die Gefühle, welche die hochherzige Cordelia beseelen, das Eigenthum der Verfasserin. Neben den Lieblingsdichtungen ihrer Jugend — die Schäferepisode aus Goethes ‚Werther‘ wird nachgeahmt — schweben ihr die Schöpfungen der romantischen Erzähler als Muster vor;

hatte Goethe die Ueberfülle von Reflexionen an der Agnes getadelt, so sind diese durch die zahlreichen Gespräche in Tiecks Manier hier noch vermehrt; das weiche, frauenhafte Element ist hier zum träumerischen gesteigert: alle Gestalten sind vom Aetherblau des Himmels umflossen, erscheinen wie verklärt.

Nur *ein* Werk Carolinens ist heute noch lebenskräftig; ihre Biographie Schillers, in deren erzählenden Parthien sie die Treue des Berichterstatters mit der Wärme der begeisterten Freundin unvergleichlich vereinigt und deren Stil Wilhelm von Humboldts hochgegriffenes Lob ohne Zweifel verdient. Noch in ihren letzten Lebensjahren wollte sie auch Dalbergs Biographie in Angriff nehmen; aber zur Niederschrift ist sie nicht mehr gekommen. Während sie so die Schatten der Vergangenheit heraufbeschwor, hat sie sich doch den Blüten der Gegenwart nicht verschlossen. Sie erquickt ihre Seele noch am zweiten Theil von Goethes Faust, ‚diesem reinen Abglanz seines Wesens‘ und Humboldts Kosmos, dessen Erscheinen sie noch erlebte, ist ihr ein heiliges Buch, wie Homer und die Bibel. Das Alter gab ihr das Mass und die Ruhe, die ihrem Leben gefehlt hatte, und in stiller Beschauung rückblickend konnte sie sagen: ‚Es lag ein unversiegbarer Quell der Heiterkeit, der Freude am Dasein in mir; ich hätte eins der glücklichsten Wesen werden können, und wurde sehr unglücklich.‘

CAROLINE SCHELLING.

IN reich bewegtes Leben hatte die Frau hinter sich, die als Schellings Gattin aus der Welt schied. In den Göttinger Gelehrtenkreisen aufgewachsen, durch frühe Neigung schmerzlich berührt, wurde sie einundzwanzigjährig mit einem trefflichen Manne vermählt, der aber weder ihr Herz noch ihren Kopf aus dem Schlummer der Kindheit hatte wecken können; als junge unerfahrene Wittwe wird sie in die Welt geworfen und sieht sich allein vor den Thoren eines Daseins, dessen Fülle sich in ihr zu bewegen anfängt. In mannigfachen Liebeswirren herumgetrieben, politisch und gesellschaftlich compromittirt, reicht sie mehr aus Dankbarkeit und Freundschaft als aus wahrer Liebe einem edlen schwachen Manne die Hand, der sie zwar retten, aber doch nicht führen konnte. In die Mitte eines Kreises begabter und geistreicher Menschen gestellt,

nimmt sie an den litterarischen Kämpfen der Zeit regen Antheil, bis sie endlich, von ihrem zweiten Manne geschieden, in der Liebe zu dem um vierzehn Jahre jüngeren Schelling jene Ruhe findet, nach welcher sie sich so lange gesehnt hatte. Denn nach ihrem eigenen Bekenntnisse war sie eigentlich dazu geschaffen, um nicht über die Grenzen stiller Häuslichkeit hinwegzugehn, war aber durch ein unbegreifliches Schicksal aus ihrer Sphäre gerissen, ohne die Tugenden derselben eingebüsst zu haben, ohne Abenteurerin geworden zu sein. Leidenschaftlich und heftig, unbesonnen, ja leichtsinnig hat sie sich vieles wagend erlaubt; immer aber hat sich ihr das Gleichgewicht des Herzens wiederhergestellt und die heitere Helle ihres Gemüthes führte sie über jeden Abgrund hinweg. Vielverleumdet und vielgehasst hat sie auch viel Liebe erweckt, viel Enthusiasmus entzündet. „Sie war ein eigenes, einziges Wesen — schreibt Schelling nach ihrem Tode — man musste sie ganz oder gar nicht lieben. Diese Gewalt, das Herz im Mittelpunkte zu treffen, behielt sie bis ans Ende... Wäre sie mir nicht gewesen, was sie war, ich möchte als Mensch sie beweinen, trauern, dass dies Meisterstück der Geister nicht mehr ist, dieses seltne Weib von männlicher Seelengrösse, von dem schärfsten Geist, mit der Weichheit des weiblichsten, zartesten, liebevollsten Herzens vereinigt. O etwas der Art kommt nie wieder!"

In ihrem Vater, dem berühmten Orientalisten Michaelis fand Caroline (geb. 2. September 1763) die trockene Gelehr-

samkeit repräsentirt, gegen die sie ihr ganzes Leben eine ausgesprochene Abneigung behielt. In dem Verkehre mit den Studenten bahnten sich schon während ihrer Göttinger Jugendzeit Beziehungen an, die auf ihre spätere Entwickelung bestimmend einwirkten. Schon im Jahre 1782 hatte sie ihre Unbesonnenheit, wie sie sagt, auf Irrwege geführt, war sie von Leidenschaften hin und her geworfen worden. Als sie im Jahre 1784 dem Sohne eines anderen Göttinger Professors Dr. Böhmer in das stille Bergstädtchen Clausthal als Gattin folgt, können sie die engen Verhältnisse nicht ganz ausfüllen und sie befriedigt ihren dunklen Drang nach der Fülle des Lebens durch massenhafte Romanlectüre; aber sie hat später übertrieben, wenn sie behauptete mit Schauern und Beben an jene Zeit zurückzudenken. Schon Anfang 1788 wurde sie Wittwe und während sie nun eines sicheren äusseren Haltes gänzlich entbehrte, hat sie durch Liebe und Freundschaft bitteres Leid erfahren, aber auch schwere Schuld auf sich geladen. Berauscht vom Freiheitstaumel der französischen Revolution theilt sie in Mainz Georg Forsters hochfliegende Pläne, widmet ihm unbekümmert um ihren sittlichen und politischen Ruf die treueste Fürsorge und muss dieses Opfer durch ‚das härteste was einem Weibe begegnen kann‘, durch Gefangenschaft auf dem Königsteine büssen. Der Bemühung ihres jüngsten Bruders gelingt es, ihre Befreiung zu erwirken, und August Wilhelm Schlegel, der ihr von seiner Göttinger Studienzeit her treu zugethan war, lässt ihr seinen ritterlichen

Schutz angediehen. Sein männliches und zugleich kindliches, vorurtheilsloses, edles und liebenswerthes Benehmen gegen Caroline zu einer Zeit wo sie der gewöhnten Achtung entbehren musste, als verworfenes Geschöpf galt, aus ihrer Vaterstadt ausgewiesen wurde, musste ihr eine Verbindung mit ihm in anderem Lichte erscheinen lassen als dies früher der Fall war. Nachdem verschiedene Pläne erwogen worden waren und beider Blicke sich sogar nach Amerika gewendet hatten, vermählt sie sich mit ihm am 1. Juli 1796 und bringt die nächsten sieben Jahre als seine Gattin in Jena zu.

Aus jener Zeit stammt das liebliche Bild, das uns die Züge der anmuthigen Frau vergegenwärtigt, und aus dieser Zeit stammt die lebendige Schilderung, welche Friedrich Schlegel in seinem Roman ‚Lucinde' von ihr gegeben hat. Jede Hoheit und jede Zierlichkeit, die der weiblichen Natur eigen sein kann — führt er begeistert aus — habe in ihrem Wesen gelegen, jede Gottähnlichkeit und Unart, aber alles sei fein, gebildet und weiblich gewesen. Frei und kräftig habe sich jede einzelne Eigenheit entwickelt und geäussert, als wäre sie nur für sich allein da, und dennoch sei die reiche, kühne Mischung so ungleicher Dinge im Ganzen nicht verworren gewesen; denn ein Geist habe es beseelt, ein lebendiger Hauch von Harmonie und Liebe. Er erzählt, dass sie in derselben Stunde irgend eine komische Albernheit mit dem Muthwillen und der Feinheit einer gebildeten Schauspielerin nachahmen und ein erhabenes Gedicht vorlesen konnte mit der hinreissenden Würde eines kunstlosen Gesanges, wie auch andere ihre melodische Stimme rühmen. Bald habe sie in Gesellschaft glänzen und tändeln wollen, bald sei sie ganz Begeisterung gewesen und bald habe sie mit Rath und That geholfen, ernst, bescheiden und freundlich wie eine zärtliche Mutter. Er hebt ihr unvergleichliches Erzählertalent hervor, ihre Meisterschaft in der Führung des Gespräches, ihre Kunst, so durchsichtig und seelenvoll niederzuschreiben, was sie als Gespräch gedacht hatte. Und hier kann unsere eigene Beobachtung bestätigend eintreten: aus fast allen Zeiten ihres Lebens haben Briefe von ihr sich erhalten; in der ernstesten wie in der ausgelassensten Stimmung können wir sie belauschen, wie sie als Mädchen mit ihren Freundinen plaudert, wie sie geliebten Männern ihr Herz aufschliesst, wie sie mit ihrer Tochter scherzt und kost, wie sie über litterarische Dinge die treffendsten, schärfsten, witzigsten Urtheile fällt. Selten hat eine Frau so gute, vielleicht niemals eine Frau so anmuthige Briefe geschrieben.

Mit diesen Gaben des Geistes und Herzens ausgestattet, mit dieser Freiheit und Beweglichkeit im Umgange musste Caroline in dem Kreis der älteren Romantiker, wie er in Jena sich um sie versammelte, eine wichtige Rolle spielen; das satyrisch-polemische Element der Schule mag durch sie verstärkt worden sein; ihre von früh auf genährte Abneigung gegen Schiller hat sie auf die beiden Schlegel übertragen. Hilfreich steht sie ihrem Manne bei seinen Arbeiten zur Seite;

sie leistet ihm bei der Shakespearübersetzung anstrengende Abschreiberdienste; sie versenkt sich aber auch selbst in die fremde poetische Welt, sei es um feinsinnige Bemerkungen über ‚Romeo und Julie' für ihn aufs Papier zu werfen, sei es um aus Dante und Petrarca zu übersetzen. Ihre eindringliche Kenntnis moderner Romane verwertet sie jetzt in der Charakteristik Lafontaines und nimmt Schlegel gelegentlich auch sonst die Feder aus der Hand, um weiblichen Schmelz über seine Aufsätze zu breiten, oder selbständig eine anonyme Recension zu schreiben. Wir müssen Schlegel recht geben, dass sie alle Talente besessen habe um als Schriftstellerin zu glänzen und wir müssen es bedauern, dass sie weder den Entwurf zu einem Romane ausgeführt, noch ihre Gedanken über Tod und zukünftiges Leben weiter ausgesponnen habe.

Die Verbindung mit Schlegel trug die Bedingungen für eine lange Dauer nicht in sich. Mannigfache Störungen traten dazwischen und seitdem Caroline die geniale, kraftvolle Natur Schellings kennen und lieben gelernt hatte, musste ihr der weichliche, unmännliche Schlegel völlig entfremdet werden. Gewaltsam aber wollte sie anfangs ihre Leidenschaft zurückdrängen und indem sie sich den, der ihr als Geliebter und Gatte versagt war, wenigstens als Sohn erhalten wissen wollte, meinte sie seine Neigung auf ihre Tochter Auguste lenken zu können, die als liebliches Ebenbild der Mutter heranwachsend auch Carolinens Charakter geerbt hatte, deren zarte in sich gekehrte Weiblichkeit jedoch das wunderliche

Doppelverhältnis bitter empfand. Caroline musste den ungeheuren Schmerz erleben, dass ihr das fünfzehnjährige Kind im Sommer 1800 entrissen wurde. Sie will die Fiction weiter führen; sie begrüsst ihn als seine Mutter: ‚Du bist nun meines Kindes Bruder, ich gebe Dir diesen Segen...‘ Aber gerade der Schmerz über die Geschiedene knüpfte sie enger an einander und so entschloss sich Caroline nach schwerem Kampfe im Jahre 1803 die Scheidung mit Schlegel einzuleiten, mit dem sie damals längst nicht mehr zusammenlebte, aber in freundlich-schwesterlichem Verhältnisse stand. ‚Indem mir das Schicksal oft seine höchsten Güter nicht versagt hat, — schreibt sie um jene Zeit — ist es mir doch zugleich auch so schmerzlich gewesen, und hat so seinen auserlesensten Jammer über mich ergossen, dass wer mir zusieht nicht gelockt werden kann, sich durch kühne und willkührliche Handlungsweise auf unbekannten Boden zu wagen, sondern Gott um Einfachheit des Geschickes bitten muss, und sich selbst das Gelübd' ablegen, nichts zu thun um es zu verscherzen. Nicht als ob ich mich anklagte; was ich jetzt zu thun genöthigt bin, ist bei mir vollkommen gerechtfertigt, nur verleiten kann das Beispiel nicht. Ich habe nun alles verloren, mein Kleinod, das Leben meines Lebens ist hin, man würde mir vielleicht verzeihen, wenn ich auch die letzte Hülle noch von mir würfe um mich zu befreien, aber hierin bin ich gebunden — ich muss dieses Dasein fortsetzen, so lange es dem Himmel gefällt, und das einzige was ich dafür noch bestimmtes wünschen kann ist Ruhe, wahrhafte Ruhe und Uebereinstimmung mit meinen nächsten Umgebungen.«

Diese Ruhe hat sie in ihrer Ehe mit Schelling gefunden. In der abgeschiedenen schwäbischen Prälatur zu Murhardt hat Schellings Vater am 26. Juni 1803 die Trauung vollzogen. Es ist, als ob der Segen, der von diesem geweihten Bezirke ausströmte, Carolinens weitere Lebenszeit geheiliget hätte. In Würzburg und später in München lebt sie glückliche Tage an der Seite des Geliebten dahin. Hat sie mit Schlegel übersetzt und kritisirt, so dichtet und philosophirt sie mit Schelling. Der Bücher konnte sie jetzt fast entbehren: denn sie hatte, wie sie sagt, einen Propheten zum Gefährten, der ihr die Worte aus dem Munde Gottes mittheilte. Es war wie ein Donnerschlag aus heiterem Himmel, als sie am 7. September 1809 beim Besuch des elterlichen Hauses in der klösterlich-melancholischen Gegend zu Maulbronn einer herrschenden Seuche erlag. Aber sie sollte das Glück ihres Gatten noch über das Grab hinaus begründen. Aus der gemeinsamen Trauer um die Verklärte erwuchs ihm an der Seite ihrer Freundin Pauline Gotter neue Freude für seine Zukunft. Zum zweiten Male in Schellings Leben hatte sich ihm der tiefste Schmerz als das innigste Band erwiesen.

HENRIETTE HERZ.

OHNE Zweifel hat Henriette Herz die aussergewöhnliche Stellung, die sie im gesellschaftlichen Leben ihrer Zeit einnahm, vor allem ihrer unvergleichlichen Schönheit zu verdanken gehabt. Aus fast allen Lebensaltern haben wir gute Bilder von ihr erhalten, welche die Bewunderung der Zeitgenossen erklären. Ihre grossen, von feinen Brauen überwölbten, dunklen Augen, deren Glanz den jungen Börne berückte, treten auf einem Oelgemälde mächtig hervor, das aus der ersten Zeit ihrer Ehe stammt; die reinen Linien ihres edlen Profils, welche sie bis in ihr Alter bewahrt hat, lassen sich am schönsten in unserer Zeichnung erkennen, die etwa in den Anfang ihres Verkehrs mit Schleiermacher fallen dürfte. Ihre colossale königliche Figur rühmt gerade dieser Freund im Gegensatze zu seiner Kleinheit. Ihre Schönheit und

das Bewusstsein derselben verleihen ihrem Auftreten von Kindheit an etwas Siegreiches. Mit dem Gefühle ihrer Unüberwindlichkeit schreitet sie leidenschaftslos, ruhig und fest durchs Leben. Zum Herrschen geboren, hat sie weit über ihre Abstammung und ihre bürgerliche Stellung hinaus auf das gesellschaftliche Leben Berlins bestimmenden Einfluss geübt.

Ihre Schönheit, das würdevolle majestätische ihres Wesens, das weiche, klangvolle Organ hat Henriette de Lemos von ihrem Vater geerbt, einem angesehenen jüdischen Arzte, dem sie als erstes Kind aus zweiter Ehe am 3. September 1764 zu Berlin geboren wurde. Von ihren Eltern und ihrer ganzen Umgebung verwöhnt, als Wunderkind angestaunt und in die Oeffentlichkeit geführt, hat sie früh eine seltene Kühnheit bewiesen, indem sie sich in die Versammlung der Gemeindeältesten wagte, um das Verbot einer Theatervorstellung, in der sie mitwirken sollte, durch ihre Bitten rückgängig zu machen. So wurde ihre Eitelkeit genährt und eine Koketterie gross gezogen, von der sie sich selbst nicht freigesprochen hat. Schon in ihrem dreizehnten Jahre wurde sie nach jüdischer Sitte einem ihr fast unbekannten Manne verlobt, mit dem sie am 1. December 1779 vermählt wurde. Marcus Herz war einer der bedeutendsten Aerzte seiner Zeit, ein Gelehrter von vielseitiger Bildung, ein Lieblingsschüler Kants, ein geachteter Schriftsteller. Er trug viel zur Verbreitung naturwissenschaftlicher Kenntnisse in Berlin bei, indem er in seinem Hause Privatvorlesungen mit Experimenten veran-

staltete, die von der besten Gesellschaft besucht wurden; er führte ein grosses Haus. Henriette hat mit der grössten Achtung an ihrem Manne gehangen; sie konnte ihre Ehe, die leider kinderlos blieb, ein glückliches Verhältnis nennen, wenn vielleicht nicht eigentlich eine glückliche Ehe. Sie war ihrem Manne nicht der Mittelpunkt seiner Existenz; aber er hat sie theilnehmen lassen an den reichen Schätzen seines Wissens; ihm hatte Henriette neben Schleiermacher es zu danken, wenn sie eine der gebildetsten Frauen ihrer Zeit geworden ist. Sie hat sich ihm als eine treue, fürsorgende Gattin erwiesen und durfte im Alter sagen: ‚Mein Mann wurde durch mich so glücklich, als er es überhaupt durch eine Frau werden konnte.‘

Durch ihre Verheiratung war sie in das Centrum des geistig belebten Kreises gestellt, den Marcus Herz um sich versammelte; aufs reichlichste mit allen Mitteln zur Repräsentation ausgestattet, gelang es ihr leicht, ihren Salon zu dem ersten Berlins zu gestalten. In bunter Menge verkehrten dort Bürgerliche und Adelige, Prinzen des königlichen Hauses und vornehme Fremde, die Litteraten von den Vertretern der Aufklärungsperiode angefangen bis zu den Führern der romantischen Schule. Sie bezauberte ihre Gäste durch den Glanz ihrer Erscheinung, sie bestach sie durch die Gaben ihres Geistes und die Liebenswürdigkeit ihres Benehmens; viele Männer machte sie sich zu Freunden; aber auch die Frauen huldigten ihr unumwunden und gerne. Am folgenreichsten wurde ihre Beziehung zu Friedrich Schleiermacher, der nach flüchtiger früherer Begegnung, während er als Prediger an der Charité angestellt war, eine vertraute und herzliche Freundschaft mit ihr schloss.

Was Schleiermacher, den protestantischen Geistlichen, zu der Frau des jüdischen Arztes hinzog, war nicht ihre blendende Schönheit; er hat es so oft und mit solcher Bestimmtheit versichert, es sei nie etwas leidenschaftliches zwischen sie gekommen, dass wir unmöglich daran zweifeln dürfen. Schleiermachers ganzes Wesen war auf freundschaftlichen Umgang mit gleichgestimmten Seelen gestellt. Alle seine Thätigkeit war ein Product seiner Mittheilung; für alles, was er thun sollte, kam es darauf an, dass er lebendig afficirt wurde, und er hat es gerne gestanden, dass solche Anregung und Theilnahme allein es sei, an die er sich halten müsse und ohne die auch alles Gefühl seines Reichthums zum Wirken und Arbeiten nichts helfen könnte. In Henriette fand er eine ihm verwandte Natur, die alle Eigenschaften besass, um seine Gedanken in Fluss zu bringen. Mit dem klaren, durchdringenden Verstand, der ihr eignete, konnte sie seinen schwierigen Gedankenläuften folgen; mit dem unermüdlichsten Fleisse wird sie, die sämtlicher modernen Sprachen mächtig war, seine Schülerin im Griechischen und theilt seine Bewunderung der Platonischen Dialoge, während er ihr wieder behilflich ist englische Werke ins Deutsche zu übersetzen. Obgleich sie nicht zu Selbstbeschaulichkeit neigt und an Schleiermachers Predigten keine Freude hat, so ist sie doch wahrer Andacht und tiefer reicher Rührung fähig: den Monologen brachte sie das edelste und feinste Verständnis entgegen. In jener Zeit, wo die grossartigen Ideen über die Religion in Schleiermachers Kopf wild sich durcheinander drängten, hat sie das Zauberwort gesprochen, das sie zum wolgeordneten Ganzen zusammenfügte; sie hat ihm, wie Friedrich Schlegel sagt, eine Gedankenschachtel geschenkt: nicht mehr durfte er das Erträgnis seines Nachdenkens bei sich behalten, er musste wöchentlich seine Zahl Eier auf dem Herrengute abliefern. Auf ihr unermüdliches Zureden hat er sich zum ‚Machen‘ gezwungen, das ihm ein so unnatürlicher Zustand schien, das ihm so schwer fiel; sie hat ihm geholfen, den Schriftsteller aus sich herauszuarbeiten. ‚Wahrlich ich bin das allerabhängigste und unselbständigste Wesen auf der Erde‘ — schreibt er an sie, während er in Potsdam an den ‚Reden über die Religion‘ arbeitet — ‚ich zweifle sogar, ob ich ein Individuum bin. Ich strecke alle meine Wurzeln und Blätter aus nach Liebe, ich muss sie unmittelbar berühren, und wenn ich sie nicht in vollen Zügen in mich schlürfen kann, bin ich gleich trocken und welk . . . Vergessen Sie nicht, mich in jedem Brief um die Religion zu mahnen, damit sie mir nicht ins Stocken geräth.‘

Auch Henriette konnte ohne die Liebe der Menschen nicht glücklich sein, weich und treu war sie immer. In dem innigen Verkehre mit Schleiermachers idealer Persönlichkeit entwickelten sich alle Keime, die in ihrer Seele lagen, zur herrlichsten Blüte. Er nimmt Gelegenheit, ihre Berufstreue, ihre Liebe, ihre passive Wissenschaftlichkeit zu rühmen, ihren Weltsinn, ihre unendliche Mimik, aus der sowol ihre Philologie als ihre Menschenkenntnis entspringe, zu bewundern; ihr praktisches Talent zu preisen, das bis zur Unersättlichkeit gehe. So habe sich vieles in ihr auf eigentümliche Weise vereinigt, was man sonst nur getrennt oder wenigstens ganz anders modificirt sehe; sie habe sich einen ganz eigenen Stil des Lebens entwickelt. Bis zu seinem Tode hat Schleiermacher an ihr festgehalten und mit seiner Frau ihr treue Freundschaft bewiesen.

Noch mit einem zweiten deutschen Schriftsteller bleibt ihr Name dauernd verknüpft. Ludwig Börne hat als junger Student durch kurze Zeit im Hause ihres Gatten gelebt; sie hat die überschwengliche Liebesleidenschaft, die er für sie fasste, in massvolle Verehrung zu mildern verstanden, hat ihn zur Selbsterkenntnis und Vertiefung angetrieben. In seinen an sie gerichteten Briefen und Tagebüchern verräth sich zum ersten male sein schriftstellerisches Talent.

In ihrem späteren Leben, das weniger von äusserem Glücke begünstigt war, hat Henriette ihre inneren Güter doch niemals verloren. Durch den Tod ihres Gatten war sie in ihren Einkünften geschmälert worden und hatte unter den Kriegsereignissen stark zu leiden. Sie entschloss sich ihre Sprachkenntnisse im Auslande zu verwerten und nur durch Wilhelm von Humboldts Vermittlung wurde sie dem Vaterlande erhalten. Auf Rügen hat sie während der schwierigsten Zeit eine Stelle als Erzieherin versehen. Nach dem Tode ihrer Mutter kam sie Schleiermachers oft geäusserten Wunsche nach und trat zur christlichen Kirche über. Als ihr bald darauf ihr Jugendtraum in Erfüllung gieng und sie nach Italien reisen konnte (1817—19), da jauchzte sie auf vor Freude: ‚mir war oft, als hätte ich Flügel an der Seele, so leicht, so gehoben, so getragen fühlte ich mich.' Als der allgemeine Liebling der deutschen Malercolonie schied sie von Rom und lebte sich nach ihrer Rückkehr noch einmal mit unverwüstlicher Frische und Leichtigkeit in die Berliner Gesellschaftskreise ein. Trotz ihren beschränkten Verhältnissen eine rege Wohlthätigkeit ausübend, die ihr seit Kindheit zur Gewohnheit geworden war, führte sie von allen Seiten geachtet und geliebt ihre Tage weiter; am 22. October 1847 ist sie dreiundachtzig Jahre alt gestorben. Noch drei Monate vor ihrem Tode wurde sie durch den Besuch König Friedrich Wilhelm IV. geehrt, für den sie einst als Knaben im Hause ihres Gatten mit eigner Hand Experimente angestellt hatte und der ihr in dankbarer Erinnerung ihre letzte Lebenszeit durch ein Gnadengeschenk erleichterte. So schliesst sich Anfang und Ende aufs wunderbarste zusammen in diesem glücklichen Lebenslaufe, in welchem Schleiermachers Theorie von der ewigen Jugend sich treulich bewährt hat.

RAHEL VARNHAGEN VON ENSE.

ENRIETTE Herz und Rahel Varnhagen waren die geselligsten Frauen ihrer Zeit und als solche Rivalinnen in der Kunst der Geselligkeit, welche diese als das Menschlichste unter Menschen, als den Inbegriff und Ausgangspunkt alles Moralischen bezeichnet. Beide waren den jüdischen Kreisen Berlins entsprossen, beide wurzelten mit allen Fasern ihres Wesens in dieser Stadt, beide hatten aus den Händen der Aufklärer ihre Bildung empfangen. Aber sie waren sehr verschiedene Naturen. Wie Henriettens imposante Erscheinung von der kleinen Gestalt Rahels abstach, die, als Varnhagen sie kennen lernte, im dunklen Kleide fast schattenartig sich bewegte, so stand ihre gleichmässige Ruhe im lebhaften Gegensatze zu Rahels rascher Beweglichkeit, aufbrausender Heftigkeit und

verzehrender Leidenschaftlichkeit. Rahel selbst hat Henriette bescheiden genannt; sie aber konnte wol im Unmute mit geringschätzigen Ausdrücken von sich sprechen, ist sich aber ihres hohen Wertes stets bewusst geblieben. Beide haben mit fast zäher Ausdauer die Schätze ihres Wissens sich angeeignet; das Henriettens mag gediegener gewesen sein, das Rahels umfasst weitere Grenzen; sie ist ohne Zweifel begabter, geistreicher und witziger gewesen als ihre ältere Jugendgenossin.

Rahel Levin-Robert ist im Jahre 1771 zu Berlin geboren; am 27. September 1814 vermählte sie sich mit Varnhagen von Ense; am 7. März 1833 ist sie, noch nicht zweiundsechzig Jahre alt, in ihrer Vaterstadt gestorben.

Rahels frühe Jugendzeit ist keine sehr freudige gewesen. Sie klagt später, wie man ihr nichts in ihrer Kindheit gegönnt, sie in allem beschränkt und getadelt habe. Ihr Vater, der Juwelenhändler Levin soll nach der Schilderung von Henriette Herz der geistreichste und witzigste Despot gewesen sein, den man denken könne, und eben deshalb der verletzendste. Aber darum habe er sich wenig gekümmert, denn in der That sei seine grösste Lust die an der Unlust gewesen. Sein Wille war sein höchstes Gesetz und unter diesem eisernen Willen litt seine ganze Familie; doppelt aber Rahel, welche auch das Leid, welche ihre gute, sanfte, doch etwas geistesbeschränkte Mutter traf, mitempfand und sich wirklich unglücklich fühlte. Von schwächlicher Constitution, mit den reizbarsten Nerven, mit der feinsten Empfindung für alle Verhältnisse der Luft und des Wetters begabt, darf sie wol eigentlich krank genannt werden; die leiseste und schärfste Tonart der Sinne, die erregbarste Theilnahme des Herzens trugen dazu bei, um ihre Organisation den unberechenbarsten Einflüssen zu überliefern, mit welchen sie fortwährend zu ringen hatte. Und da sie mit ihrem schneidend scharfen Verstande, mit ihrer zersetzenden kritischen Anlage sich und ihr Wesen zum hauptsächlichsten Objecte ihrer eindringenden Untersuchungen machte, so konnten ihr die aufreibenden Kämpfe ihrer Jugend nicht erspart werden.

Rahel ist nie eigentlich schön gewesen, aber eine dämonische Anziehungskraft wohnte ihr inne und die sinnliche Leidenschaft ihres Volkes tobte in ihren Adern. Männliche Schönheit übte auf sie eine fast betäubende Wirkung aus; sie vergöttert die Schönheit, sie betet sie an; dass sie zu viel Rücksicht für menschliches Angesicht besitze, hat sie selbst als einen ihrer Fehler erkannt. Früh in die Geselligkeit der Hauptstadt eingeführt, im eigenen Hause mit vielen Menschen verkehrend, hat sie Liebe und Freundschaft der Männer in reichem Masse erfahren. Ihr erster Geliebter war Graf Karl von Finkenstein, ein schöner goldblonder Jüngling mit tiefblauen Augen und fast mädchenhaft-weichen Zügen; in Paris hat sie im Jahre 1800 an einen hübschen jungen Hamburger Namens Bokelmann ihre Seele angelehnt, zu dem sie das Unbesudelte und Edle, das Unangetastete seines

Wesens hinzog. In Don Raphael d'Urquijo, dem schwarzäugigen eifersüchtigen Spanier liebte sie die versengende südliche Glut, die ihr selber eigen war. ‚Ein ewiges süsses Schmeicheln, einen ununterbrochenen Zauber — schreibt sie ihm — gewährt dein blosser Anblick meinen Sinnen.‘ Finkenstein und Urquijo standen tief unter ihr, an beide klammert sie sich auch noch an, als sie an ihrer Unwürdigkeit längst nicht mehr zweifeln konnte; ihr Herz saugt sich förmlich fest an dem Gegenstand ihrer Neigung und wenn sie es endlich losreisst, geht sie fast dabei zu Grunde. Finkensteins Wankelmuth gegenüber dem Drängen seiner aristokratischen Familie hat ihr fürchterliche Qualen bereitet. Seiner Energielosigkeit kommt sie zu Hilfe, indem sie ihm sein Wort zurückgibt und ihn jeder Verpflichtung gegen sie entbindet; als aber der wieder von ihr in Liebe aufgenommene durch erbärmliche Lauheit ihren Ehrgeiz kränkt, da empören sich ihre Eingeweide und sie ruft ihm zu: ‚Ich werde nie wieder die Erste sein, die sich von Dir trennt und wenn Himmel und Hölle, die Welt und Du selbst mir gegenübersteht.‘ Und als sie endlich mit ihm völlig gebrochen hat, da nennt sie ihn ihren ‚Mörder‘ und überträgt seine Grausamkeit auf alles, was sie umgiebt, auf die ganze Natur. In ähnlich verwüstender und zerstörender Weise endet ihr leidenschaftliches Verhältnis zu Urquijo, der, während er sie ewig seiner Liebe versicherte, an ihre Gegenliebe nicht glaubte und sie durch seine nie zu erfassende Eifersucht bis zu einem solchen Grade der Raserei reizte, dass sie auch ihn zu den Todten warf.

Diesen zweiten grossen Schmerz ihres Lebens hat Rahel niemals mehr ganz überwunden; aber sie fand nicht ohne neuerliche Kämpfe in Varnhagens rührender Hingebung und treuer Liebe ein sicheres Glück. Auch hier war das Wagnis der siebenunddreissigjährigen Frau ein grosses, den dreiundzwanzigjährigen Studenten an sich zu fesseln. Auch diesem Manne war Rahel weit überlegen. Aber Varnhagen hat die Probe bestanden; er hat durch den Anblick ihrer Stärke seine Kräfte gestählt, er hat sie nach sechsjährigem Brautstande, als er zu ehrenvoller Stellung gelangte, an den Altar geführt; er hat in ihr seinen Mittelpunkt, seine Sonne gefunden, deren wolthätige Wärme seine reichen Anlagen zur Reife brachte und er hat sein ganzes weiteres Leben dazu verwendet, um der über alles Mass verehrten, angebeteten, vergötterten Frau zu Diensten zu sein und ihren Ruhm zu verbreiten.

In dieser zweiten kürzeren Periode ihres Lebens, das sie nach mannigfachen Wanderungen in Berlin beschloss, konnten ihre geistigen Fähigkeiten ungestört zur Entfaltung kommen. Alles was sie bisher geübt hat, bringt sie jetzt zur Virtuosität, vor allem die Kunst des geselligen Umganges, der Conversation, des Briefschreibens. Mit fast allen bedeutenden Menschen ihrer Zeit kam sie in Berührung; Varnhagen konnte zwei Bände Charakteristiken herausgeben: „Galerie von Bildnissen aus Rahels Umgang und Briefwechsel", die aus seinem

Nachlasse vermehrt wurden; auch nur die Aufzählung der enger verbundenen Freunde würde ermüden. Mit ihrer raschen Auffassungsgabe, ihrer geistigen Lebendigkeit, ihrer nie mangelnden Schlagfertigkeit, ihrem treffenden Witze war sie jedem Gespräche gewachsen; ihr ganzes Wesen strebte und hieng von je nach der Gegenwart, immer gieng sie in der Sache auf, die ihren Geist wenn auch nur für Augenblicke beschäftigte. Dem hinreissenden Strom ihrer Rede konnte kein Zuhörer sich erwehren. Wir haben eine schöne Schilderung aus ihrer letzten Lebenszeit von einem unparteiischen Beobachter. Grillparzer beschreibt sie in seiner Selbstbiographie als eine alternde, von Krankheit zusammengekrümmte, etwas einer Fee, um nicht zu sagen Hexe, ähnliche Frau. Als sie aber zu sprechen anfieng, da war er bezaubert. Seine Müdigkeit verflog oder machte vielmehr einer Art Trunkenheit Platz. „Sie sprach und sprach bis gegen Mitternacht und ich weiss nicht mehr, haben sie mich fortgetrieben, oder gieng ich selbst fort. Ich habe nie in meinem Leben interessanter und besser reden gehört."

Hier wie bei Caroline Schelling können uns die Briefe einen annähernden Begriff von den verklungenen Gesprächen geben; denn auch Rahel schrieb wie sie sprach. Die anmuthige Harmonie von Carolinens Briefen suchen wir hier aber vergebens. Rahel hat sich einen eigenen pointirten Stil ausgebildet. Sie sucht nicht den schönsten, sondern den bezeichnendsten Ausdruck und nimmt ihn wo sie ihn findet,

aus einer fremden Sprache, aus dem Dialect, aus dem Jargon,
oder schafft sich aus ihrem Sprachgefühle heraus einen neuen.
Sprunghaft, abgerissen, man möchte sagen zerstückelt, sind
diese Briefe. Die Gedankenstriche ersetzen die lebhaften Ge-
berden und die Originale müssen die Spuren der vielen Unter-
brechungen an sich tragen. Denn Rahel schrieb immer und
überall, auch im Salon, auch auf der Reise, auch während
einer Krankheit. Es war ihr wie der persönliche Umgang
zum Bedürfniss geworden.

Ein bestimmtes Talent, irgend etwas zu bilden, hat
Rahel aber nicht besessen, und nie hat sie auch nur den Versuch gemacht, etwa ein dichterisches Werk zu gestalten. Um
so reiner entwickelte sie ihre Empfänglichkeit für Schöpfungen Anderer. Mit Goethes Werken aufgewachsen, hat sie
ihn schon in ihrer Jugend unendlich vergöttert und dieser
Enthusiasmus ist während ihres Lebens immer der gleiche
geblieben. Rahel gebührt gewiss eine ehrenvolle Stelle im
Kreise der stillen Gemeinde, die Goethes Grösse früher er-
fasste als die grosse Menge des Publikums; sie hat unauf-
hörlich für die Verbreitung seiner Schriften gesorgt, sie hat
nie abgelassen zu immer reinerem Verständnisse selbst seiner
schwierigsten Werke durchzudringen. Auch heute noch
wird man ihre Briefe über „Wilhelm Meisters Wanderjahre"
nicht ohne Belehrung und Genuss aus der Hand legen. Die
Lebensweisheit, die sie aus Goethes Werken schöpft, sucht
sie in Einklang zu bringen mit ihren eigenen Erfahrungen,

mit den Aussprüchen der Philosophen und Mystiker, die sie mit Vorliebe studiert, und mit den Wahrheiten der christlichen Religion, zu der sie längst übergetreten war. So ergiebt sich ihr eine Fülle von Gedanken, die sie meist in kurzen aphoristischen Sprüchen zusammenfasst, von denen ihre Briefe und Tagebücher strotzen.

Viel paradoxes, verfehltes, übertriebenes ist freilich dabei mit untergelaufen. Indem sie um jeden Preis den *Schein* vermeiden und das wahrste, tiefste, innerste ihres Wesens rein sich entwickeln lassen wollte, ist sie von Affectation nicht frei geblieben. Wie sie in ihrem „Liebesfieber" die bittersten Enttäuschungen erfahren musste, ebenso hat sie in ihrem fanatischen Drange nach Wahrheit, in ihrem Wahrheitsfieber manchem Irrthume sich hingegeben. So möchte man ihr zwar nicht Unweiblichkeit, wol aber eine krankhaft gesteigerte, auf die Spitze getriebene Weiblichkeit vorwerfen dürfen.

BETTINA VON ARNIM.

ETTINA und Rahel sind oft mit einander verglichen worden und alles fordert zu diesem Vergleiche heraus: ihr langer Verkehr mit einander, ihre Wirksamkeit in Berlin, ihre Verehrung Goethes, auch dass die Briefform ihnen beiden die gemässeste war und dass sie beide fast zu gleicher Zeit durch ihre Briefe in die deutsche Litteratur eingeführt wurden: 1833 liess Varnhagen das Buch ‚Rahel‘ als Andenken für ihre Freunde zum ersten Male ausgehen, zwei Jahre später erschien das erste Buch von Bettina: ‚Goethes Briefwechsel mit einem Kinde..‘

Kaum dürfte Varnhagen das richtige getroffen haben, wenn er den Hauptunterschied zwischen den beiden Frauen darin findet, dass bei grosser und reicher Begabung, die beiden gemein wenngleich nicht dieselbe war, Bettina alles aus

oder wenigstens mit Eitelkeit gethan habe, Rahel stets alles
aus dem Herzen und aus der Vernunft, ohne alle Eitelkeit.
Vielmehr möchte der feinsinnige Feuchtersleben Recht haben,
wenn er Rahel als das exquisiteste Kunstproduct betrachtet,
welches durch seine Vollendung in den Kreis der Natur wieder zurückkehrt, Bettina als reines Naturproduct, welches
die Vollendung ursprünglich in sich hat und auszusprechen
strebt; wenn er Rahel krank und Bettina gesund nennt;
wenn er beobachtet, dass aus dieser Krankheit Rahels Geistes-
kraft die wunderbaren Perlen absetze, während Bettinas Gesundheit überquellend duftige Blüthen und saftige Früchte
in ihr reife, die sie selbst mit liebevoller Andacht bewundere
und geniesse; wenn er bei Rahel die Intelligenz überwiegen
sieht, angeboren und entwickelt durch ihren geselligen Verkehr, während bei Bettina das Gemüth vorwalte, in stiller
Einsamkeit gehegt; wenn er Rahels Sphäre als breit und tief,
Bettinas Richtung als tief und hoch bezeichnet. Aber darin
ist Bettina über Rahel weit hinausgekommen, dass sie nicht
blos wie diese bei der Zergliederung ihrer Gefühle und Erlebnisse stehen geblieben, nicht in der Gegenwart aufgegangen ist, sondern dem geheimnisvollen Walten eines höheren Geistes in sich lauschte und sich von ihm fortleiten liess
auf die freien Höhen göttlicher Begeisterung, von wo ihr der
Ausblick in die Zukunft eröffnet war; dass sie kämpfte wo
jene blos litt, dass sie siegte wo jene erlag. Wollte man
allegorisch beider Wesen versinnlichen, so müsste man Rahel

darstellen als weiblichen Genius mit leidenden Zügen, die qualmende Lebensfackel leise zu Boden senkend, Bettina als freudig lächelnde Siegesgöttin mit aufwärts gerichtetem Blicke und hocherhobenem glühenden Schwerte.

Bettina Brentano ist am 4. April 1785 zu Frankfurt am Main geboren. Von väterlicher Seite fliesst italienisches Blut in ihren Adern; ihr schriftstellerisches Talent hat sie von ihrer Grossmutter Sophie von La Roche, der Freundin Wielands und des jungen Goethe, geerbt, deren persönlichen Einfluss die Enkelin noch erfahren hat. Auch auf ihre Mutter war ein Strahl von Goethes Jugendneigung gefallen. So war ihr die Verehrung des Dichters gleichsam angeboren und obgleich die Grossmutter ihre eigenen Romane für passender hielt die Pforten des Lebens zu eröffnen als die Goetheschen, so erwachte doch früh in dem Mädchen jene heisse Sehnsucht nach dem Dichter, die der innige Verkehr mit seiner Mutter nährte und die ihr Briefwechsel zur liebestrunkenen Hingebung gesteigert hat.

Auf eine bewegte Jugendzeit, in welcher einförmiges klösterliches Leben von ungebundener Freiheit abgelöst wurde, folgen zwei Decennien glücklichen Ehelebens mit dem Freunde ihres Bruders Clemens, dem hochbegabten, edlen und ritterlichen Achim von Arnim. In stiller Zurückgezogenheit verbringt sie diese Jahre meist auf dem Gute ihres Mannes, mit der Erziehung ihrer zahlreichen Kinder beschäftigt, mit ihm in patriotischem Eifer entflammend, an seinem dichterischen

Schaffen treuen Antheil nehmend, mannigfachem Kunsttreiben nebenher ergeben. Es sind die Jahre der geistigen Sammlung und Klärung, der ruhigen Fassung, der völligen Reife.

Erst nach Arnims Tode (1831) ist die fünfzigjährige Frau als Schriftstellerin aufgetreten und hat sich dadurch ein neues reicheres Leben erschlossen. In dem regsten geistigen Verkehre mit den Leitern des preussischen Staates wie mit den Führern der deutschen Litteratur, mit fast allen bedeutenden Menschen ihrer Zeit in Verbindung, hat sie im Kreise ihrer Familie zu Berlin ein selten glückliches Alter verbracht. Am 20. Januar 1859 ist sie in ihrem vierundsiebzigsten Lebensjahre gestorben.

Wer von den Lebenden Bettina noch gekannt hat, bewahrt einen dauernden, unauslöschlichen Eindruck, auch wenn die Begegnung nur flüchtiger Art gewesen ist. Das grossartigste, reichbegabteste, einfachste, krauseste Geschöpf hat sie ihr Bruder Clemens genannt; er hätte sie auch das räthselhafteste und natürlichste, das geistreichste und phantasievollste, das originellste und verschrobenste nennen können. Alles hat Bettina anders als andere Menschen gethan, ohne es doch eigentlich anders thun zu wollen. Nicht Zufall war es, dass sie sich das ‚Kind' nannte. Sie hat ihr ganzes Leben etwas vom Kinde an sich gehabt. Fast alle ihre Bücher sind mit Erinnerungen aus ihrer Kindheit vollgetränkt, und je kindlicher, einfacher, unbedeutender die Erzählungen sind, die sie vorbringt, desto lieblicher muthen sie uns an. Sie ist aber auch darin Kind geblieben, dass sie sich das freie unbefangene Verhältnis zu Natur und Menschen, den kindlichnaiven Sinn bewahrt hat, dass sie sich über alle Convenienz, über alle Vorurtheile hinwegsetzte, dass sie sich in jedem Augenblicke alles erlaubte, was nur Kindern erlaubt zu sein pflegt. Sie kann eigensinnig, ungezogen, übermüthig und toll sein und dann wieder einschmeichelnd, anschmiegsam, offen und zutraulich. Oft durfte sie das ungewöhnlichste wagen ohne dass man es ihr übel nahm, sei es dass das Du in der Anrede mit ihr durchgieng, sei es dass ihr schroffes Benehmen ihre Freunde auf eine harte Probe stellte. Vor allem aber blieb sie darin Kind, dass sie unumwunden ihre Liebe bekannte, wo sie lieben musste, und so konnte sie schreiben: ‚Wer liebend auf seinem Weg weiter geht bis ans Ende, der hat die Wallfahrt nach seiner Heimat recht als ein Kind mit aller Andacht vollendet und kommt auch als Kind an das End' seines Lebens!‘

Noch nie hatte eine so eigengeartete Frau sich als Schriftstellerin versucht: ihre Werke mussten daher von vorn herein ein ungeheures Aufsehen erregen. Und nun schickte sie gar ein paar Jahre nach Goethes Tode ein Buch in die Welt, in dem ein ausführlicher Briefwechsel zwischen ihr und Goethe den Mittelpunkt bildete, von einer Reichhaltigkeit der Lebensbeziehungen und einer Fülle scheinbar authentischer Aufschlüsse über des Dichters innerstes Wesen, wie nur wenig ähnliches bis dahin bekannt geworden war. Wir wissen jetzt, dass zwar der Kern des Buches aus echten Documenten, aus wirklich geschriebenen Briefen Goethes und Bettinas besteht, dass sie diese aber mit grösster Freiheit umarbeitete, weiterdichtete und durch eigenes ergänzte. Sie hat wirklich mit Goethe nahe verkehrt, hat seine wolwollend-väterliche Zuneigung sich gewonnen, hat ihn durch ihre geistvollen Briefe so erquickt, dass er sich gerne ihr freundliches, liebevolles Bild vergegenwärtigte und ihr bekennen musste, ihr nichts geben zu können, weil sie selber sich alles entweder schaffe oder nehme; sie ist durch die Mitteilungen, die sie ihm über seine erste Jugend nach den Erzählungen der Frau Rath machte, seine stille Mitarbeiterin an ‚Dichtung und Wahrheit' geworden. Aber sie wollte die Welt glauben machen, dass Goethe ihre glühende Leidenschaft mit ebensolcher Neigung erwiedert habe, dass sie die Geliebte der Sonette, dass sie die Suleika des westöstlichen Divans sei. Später hat Bettina die Methode verrathen, die sie bei der Ausarbeitung ihrer Werke in Anwendung zu bringen pflegte, wenn sie ihre Ambrosia an Ilius Pamphilius schreiben lässt: ‚Ich dachte einmal unsere Briefe in einander zu ordnen, das was zu warm, zu üppig in den meinen ins Kraut geschossen, herauszubrechen, das was ich von tieferen Anschauungen bewahrt hatte, hineinzufügen und so, leise die Quelle Deines Dichterlebens an den Tag zu leiten, — und da sollten diese Knospen des Musenfrühlings in ihrem Bettchen so recht behaglich bewahrt, einen reinen Eindruck auf die Jünglingsleser machen.‘ Sieht man davon ab, dass eine etwas getrübte Quelle für Goethes Leben hier fliesse, und betrachtet man das ganze als ein Gedicht oder eine Reihe von Gedichten, dann kann man nicht umhin es als ein wohlgerundetes Ganzes zu bewundern, in welchem alles wie künstlerisch motivirt eben so künstlerisch aufgelöst wird und über dem der Geist der Poesie rein und unverfälscht schwebt. Schon der erste liebevoll eingehende Recensent des Buches, der wunderliche Freiherr von Meusebach hat dies anerkannt und hat ihm die Prophezeiung zum Geleite mitgegeben: ‚Das Buch wird der Unsterblichkeit schwer zu entziehen sein.‘ Es gehört heute der Weltlitteratur an; die Verfasserin selbst hat es ins Englische übertragen.

Bettinas erstes Buch ist ihr bestes geblieben. Hier hat sie zuerst die Form für ihre Darstellung gefunden, hier ihren in wohllautenden Rhythmen mächtig dahinströmenden Stil sich gebildet, hier von dem Baume ihrer Jugenderinnerungen die frischesten Blüten abgeschüttelt. Sie hat es später nicht ganz vermieden in Manier zu verfallen und sich in Wiederholungen zu verlieren. Am nächsten kommt dem ersten genialen Wurfe ‚Die Günderode‘ (1840), worin sie ihr Zusammenleben mit der unglücklichen Dichterin in ihren beiderseitigen Briefen sich entwickeln lässt: die erste Epoche, in der sie sich gewahr wurde. Mit einer begeisterten Apostrophe hat sie, die leidenschaftliche Freundin der Jugend, dieses tiefsinnige, geistsprühende Buch den Studenten gewidmet, der irrenden, suchenden, der von fröhlichen Zukunftsträumen erfüllten, hoffnungsvollen Jugend.

Ein neuer Ton glückte Bettina erst wieder in ihrer Schrift ‚Dies Buch gehört dem König‘, in welcher sie Friedrich Wilhelm IV. ihre Gedanken über Staat und Kirche, über Königsgewalt und Regierung entwickelt, die sociale Frage kühn ins Auge fasst und einen Muth der Ueberzeugung bewies, wie ihn selten eine Frau öffentlich bethätigte. Wie ein zündender Funke fiel das Buch in die schwülen Gemüter der vormärzlichen Zeit. Die Fortsetzung desselben, ihre ‚Gespräche mit Dämonen‘ (1852) trafen bereits eine veränderte Stimmung an und waren von geringerer Wirkung, wie auch das vorher (1848) erschienene Buch ‚Ilius Pamphilius und die Ambrosia‘, das ihren Briefwechsel mit dem jungen Nathusius enthält. Ergreifend klingt es mit Versen des wahnsinnigen Hölderlin aus, den sie als ihren Lieblingsdichter schon in der ‚Günderode‘ eingeführt hatte.

Durch alle Schriften Bettinas geht ein grossartiger Zug; sie vertragen die dumpfe Stubenluft nicht, man muss sie im Freien lesen und laut ihre Musik erklingen lassen, wie Nathusius gethan hat, um so recht zu fühlen, dass es die Herrlichkeit der reinen schöngebildeten Natur selbst ist, welche wir in ihnen in bewegliche Harmonie aufgelöst wahrnehmen. Unter all den unzähligen Vergleichen, die Bettina angestellt hat, um ihr eigenes Wesen zu erklären, scheint mir derjenige der zutreffendste zu sein mit einem frank und freien lustigen hellen

Bergquell, vom Zufall oft durch Wüsten und Paradiese hinrauschend mit gleicher Lebendigkeit; ‚gehts über Klippen, dann ist er gleich noch einmal so aufgeregt, da stampft er, da gischt er, da dampft und braust gleich seine Lebenskraft heller aus dem lichten Schaum hervor.' Sie folgt keinem andern Gebot als dem ihr von ihrem Genius eingegebenen, sie folgt keinem andern Leitstern als dem der leuchtenden Wahrheit und strauchelt niemals: ‚Die Wahrheit ist das wahre Element des Geistes, aus dem wir hervorgehen werden in ein Höheres, das wir ahnungsweise den Himmel nennen und das doch nur, eben aus dem Keim, der in uns selbst Wurzel fasst, erblühen kann um uns in sich aufzunehmen.'

Und dieser grossartige Zug geht durch alles, was sie sonst im Leben geschaffen und gethan hat. Er kommt zum Ausdrucke in jener weitverzweigten Wohlthätigkeit, die sie in segensreicher, aufopfernder Weise übt, selbst in die Hütten der Armuth und der Krankheit hinabsteigend; er kommt zum Ausdrucke in der fieberhaften Agitation, die sie zur Rettung aller unterdrückten und geschädigten Glieder der menschlichen Gesellschaft entwickelt; in dem rührenden rastlosen Eifer, mit dem sie für die gesicherte Zukunft der Brüder Grimm ihre ganzen Kräfte einsetzt; er kommt zum Ausdrucke in ihrem dilettantischen Schaffen als Componistin und als bildende Künstlerin, am edelsten und schönsten in ihrem Entwurfe zu einem Goethedenkmal, das sie das Rätsel ihres Daseins nennt und das ihr ewig Chimäre bleiben sollte

Ob wir das fröhliche *Kind* Bettina in seiner koboldartigen Lebendigkeit und Wandelbarkeit im Gedächtnisse behalten, oder ob wir die greise Seherin, die unsere Zeichnung darstellt, betrachten, wie sie ahnungsvoll und sinnend den Blick in die Zukunft richtet, immer erscheint sie uns wie eine gegenwärtige, fortschaffende, lebende. Ihre Werke wirken auf die Jugend auch heute noch berauschend wie Goethes Werther, wie Hölderlins Hyperion; sie sind nicht veraltet, und Heil jeder Zeit, die sie nicht veralten lässt!

ANMERKUNGEN.

1. META KLOPSTOCK. Nach einer Zeichnung von J. Bendixen, gestochen von F. Fleischmann. Da ersterer 1784 geboren ist, muss ein älteres Original zu Grunde liegen. Ein solches befindet sich nach Fr. Muncker's freundlicher Mittheilung zu Hamburg in unzugänglichem Privatbesitz. Ihre Briefe bei Clodius Auswahl aus Klopstock's nachgelassenem Briefwechsel (Leipzig 1821) und in Lappenberg's Sammlung der Briefe von und an Klopstock (Braunschweig 1867); ihre hinterlassenen Schriften erschienen Hamburg 1759. Ludwig Brunier ‚Klopstock und Meta' (Hamburg 1860), unbrauchbar. Vgl. Redlich in der Allgemeinen Deutschen Biographie 16, 217.

2. EVA LESSING. Nach dem einzigen vorhandenen Originalgemälde im Besitze des Herrn Prof. W. Henneberg in Göttingen (Eva's Urenkel); es ist dasselbe Bild, das Eva im Sommer 1772 aus Wien an Lessing sendet. Der Briefwechsel zwischen Lessing und seiner Frau ist neu herausgegeben von Dr. Alfred Schöne (Leipzig 1870) und von Redlich in der Hempel'schen Ausgabe der Werke Lessing's. R. Thiele ‚Eva Lessing', 1. Theil (Halle 1881), unbrauchbar. Vgl. Archiv für Litteraturgeschichte 6, 310 und Redlich in der Allg. Deutschen Biographie 19, 785.

3. MOLLY. Nach dem Pastellbilde im Besitze des Fräulein Friederike Bürger in Leipzig (Molly's Enkelin). Die verbreiteten

Bilder Molly's sind unecht und scheinen eine ihrer Stiefschwestern darzustellen. Vgl. Briefe von und an Bürger, hrsgg. von Strodtmann, 4 Bde. (Berlin 1874), die Anfänge einer Bürgerbiographie von demselben in der Gartenlaube 1873 und 1874 und meine Einleitung zu Bürger's Gedichten (Berlin und Stuttgart o. J.).

4. CAROLINE HERDER. Nach dem einzigen vorhandenen Originalgemälde von Tischbein im Besitze des Staatsministers von Stichling zu Weimar (Carolinen's Enkel). Ihr Briefwechsel mit Herder im dritten Bande von Herder's Lebensbild (Erlangen 1846), im dritten Bande des Buches ‚Aus Herder's Nachlass' (Frankfurt 1857); ‚Herder's Reise nach Italien' (Giessen 1859). Ihre Erinnerungen aus dem Leben Herder's hrsgg. von J. G. Müller (Stuttgart und Tübingen 1830); vgl. Suphan in den Preuss. Jahrbüchern Bd. 54; von demselben steht eine Biographie Carolinens in Aussicht; die Biographie Herder's von Haym (1. Band Berlin 1877 ff.); Baechtold, Aus dem Herder'schen Hause. Berlin 1885.

5. HERZOGIN ANNA AMALIA. Nach dem Elfenbeingemälde von F. W. Schellhorn im Witthumspalais zu Weimar. Ihre Selbstbiographie ‚Meine Gedanken' in ‚Weimars Erinnerungen' von A. W. Rugo (Weimar 1839); ihre Briefe an Knebel in dessen ‚Nachlass'; an Merck in den Sammlungen des Merck'schen Briefwechsels; an Goethe's Mutter in Keil's ‚Frau Rath' (Leipzig 1871); an Wieland im Morgenblatt 1855, Nr. 32; zwei Briefe Herder's an sie im ‚Weimarschen Herder-Album' (Jena 1845). Vgl. ferner Beaulieu-Marconnay ‚Anna Amalia, Carl August und der Minister von Fritsch' (Weimar 1874) und desselben ‚Karl von Dalberg und seine Zeit' (Weimar 1879); Burckhardt in der Allg. Deutschen Biographie 1, 386; Grenzboten 1871, 1872, 1881.

6. HERZOGIN LUISE. Nach dem Elfenbeingemälde von F. W. Schellhorn im Witthumspalais zu Weimar. Vgl. Kanzler

ANMERKUNGEN. 103

von Müller's Nekrolog in der Allgemeinen Zeitung 1830, Nr. 90—92 und Goethe's Unterhaltungen mit diesem, hrsgg. von Burkhardt (Stuttg. 1870). Das Buch von Wilhelm Schröter (Weimar 1838) ist unzulänglich. Ihre Briefe an Knebel in dessen ‚Nachlass'; an Lavater ‚Im neuen Reich' 1876; an Caroline Herder, Preuss. Jahrbücher Bd. 54; an Frau von Stein in Düntzer's Biographie. Der Brief des Herzogs an sie in Schöll's ‚Carl August-Büchlein' (Weimar 1857).

7. CHARLOTTE VON STEIN. Nach der Silberstiftzeichnung, welche Charlotte selbst 1790 zwischen zwei Spiegeln anfertigte, im Besitze des Freiherrn von Stein zu Kochberg (Charlotten's Urenkel). Biographie von Düntzer, 2 Bde. (Stuttgart 1874). Ihre Briefe an Goethe, hrsgg. von Schöll (Weimar 1848—1851), 2. Aufl. besorgt von Fielitz (1. Bd. Frankf. 1883); an Lotte Schiller in dem Buche ‚Charlotte von Schiller und ihre Freunde' Bd. 2. Darstellungen, ausser den Goethebiographien, von Stahr, Ges. Werke Bd. 6 und 17; Edmund Hoefer (Stuttgart 1878); vgl. bes. Jul. Schmidt, Preuss. Jahrb. Bd. 34.

8. CORONA SCHRÖTER nach dem Pastellgemälde in der Grossherzoglichen Bibliothek zu Weimar, das von Corona selbst herrühren soll. Vgl. Stahr, Ges. Werke, Bd. 17; Robert Keil ‚Vor hundert Jahren' (2. Bd., Leipzig 1875); dagegen Düntzer's Vertheidigung ‚Charlotte von Stein und Corona Schröter' (Stuttg. 1876); ein Brief an Jean Paul in dessen ‚Denkwürdigkeiten' 3, 56.

9. CHARLOTTE VON KALB. Nach einem Oelgemälde im Witthumspalais zu Weimar, angeblich von Tischbein. Das Notenblatt zeigt nach Palleske die Inschrift: Quatre Sonates, pour le clavecin, composées par H. R. Schmidt le Peintre, 1785. Ausser den Schillerbiographien ist zu vgl. Ernst Köpke, Ch. v. K. und ihre Beziehungen zu Schiller und Goethe (Berlin 1852),

Minor in der Allg. Deutschen Biographie 14, 11. Ihre Memoiren unter dem Titel ‚Charlotte‘ hrsgg. von Palleske (Stuttg. 1879). Von ihrem Roman ‚Cornelia‘ ist der erste Theil auszugsweise mitgetheilt in der ‚Deutschen Revue‘ (Januar-März 1885); das ganze ist nur als Manuskript gedruckt (1851). Ihre zwei erhaltenen Briefe an Schiller bei Speidel und Wittmann ‚Bilder aus der Schillerzeit‘ (Berlin und Stuttgart o. J.) und im Archiv für Litteraturgeschichte Bd. 8, an dessen Frau, ‚Charlotte von Schiller und ihre Freunde‘ Bd. 2; an Jean Paul, hrsgg. von Nerrlich (Berlin 1882).

10. LOTTE SCHILLER. Nach einem Oelgemälde von Tischbein im Besitze des Freiherrn von Gleichen-Russwurm zu Weimar (Lotten's Enkel). Ihr Briefwechsel mit Schiller: ‚Schiller und Lotte‘ (Stuttg. 1855; 2. Aufl. bearbeitet von Fielitz 1879, 3 Bde.); ihr Nachlass: ‚Charlotte von Schiller und ihre Freunde‘, 3 Bde. (Stuttg. 1860—1865); Hennes, ‚Fischenisch und Charlotte von Schiller‘ (Frankf. a. M. 1875); ‚Briefe von Schiller's Gattin an einen vertrauten Freund‘ (Knebel), hrsgg. von Düntzer (Leipzig 1856). Fulda, ‚Leben Charlotten's von Schiller‘ (Berlin 1878), unbrauchbar; W. Toischer ‚Lotte Schiller‘ (Wiener Neustadt 1881).

11. CAROLINE VON WOLZOGEN. Nach einem Miniaturgemälde im Besitze des Freiherrn von Gleichen-Russwurm zu Weimar; nach Palleske von Steuben. Von ihren Briefen an Schiller sind nur dürftige Reste erhalten; vgl. ausser den bei Nr. 10 angegebenen Werken: ‚Literarischer Nachlass der Frau Caroline von Wolzogen‘ 2 Bde. (2. Auflage, Leipzig 1867), ‚Agnes von Lilien‘, der erste Theil in den Horen 1796, das ganze Berlin 1798, 2 Bde., neuerdings mehrfach abgedruckt; ‚Erzählungen‘, Stuttgart 1826—1827; ‚Schiller's Leben‘, zuerst Stuttgart 1830, 2 Bde., oft wiederholt; ‚Cordelia‘, Leipzig 1840, 2 Bde.

Anmerkungen.

12. CAROLINE SCHELLING. Nach einem Oelgemälde von Tischbein aus dem Jahre 1798 im Besitze des Herrn Geheimrath Professor Waitz zu Berlin. Vgl. die von diesem hrsgg. Briefsammlung ‚Caroline‘, 2 Bde. (Leipzig 1871) und den Nachtrag dazu ‚Caroline und ihre Freunde‘ (Leipzig 1882); ‚Aus Schelling's Leben in Briefen‘, hrsgg. von G. L. Plitt, 3 Bde. (Leipzig 1870); Haym, Preuss. Jahrb. Bd. 28; Kuno Fischer, Geschichte der neuern Philosophie Bd. 6 (Heidelberg 1872); Scherer, Vorträge und Aufsätze (Berlin 1874) S. 356 ff.

13. HENRIETTE HERZ. Nach einer Bleistiftzeichnung von A. Graff im kgl. Kupferstichcabinet zu Dresden. ‚Ihr Leben und ihre Erinnerungen‘, hrsgg. von J. Fürst (2. Aufl. Berlin 1858). Schleiermacher's Briefe an sie in dem Buche ‚Aus Schleiermacher's Leben‘ 4 Bde. (Berlin 1858 ff.); ‚Briefe des jungen Börne an Henriette Herz‘ (Leipzig 1861), Henrietten's Antworten sind erhalten aber ungedruckt (vgl. Geiger, Geschichte der Juden in Berlin, Berlin 1871). Ein schöner Brief von Henriette an Luise Seidler in deren ‚Erinnerungen‘, hrsgg. von Hermann Uhde, 2. Auflage (Berlin 1875). Vgl. Dilthey, Schleiermacher's Leben, 1. Bd. (Berlin 1870) und Geiger in der Allgem. Deutschen Biographie 12, 258.

14. RAHEL. Nach einer Bleistiftzeichnung von W. Hensel aus dem Jahre 1822 im Besitze von dessen Sohn, Herrn Direktor S. Hensel zu Berlin. Die ältere Publication von Varnhagen: ‚Rahel, ein Buch des Andenkens für ihre Freunde‘ (3 Bde. Berlin 1834) ist durch die neueren Veröffentlichungen aus dessen Nachlass: Rahel's Briefwechsel mit David Veit, 2 Bde. (Leipzig 1861); mit Varnhagen, 6 Bde. (Leipzig 1874 f.); ‚Aus Rahel's Herzensleben‘ (Leipzig 1877) etc. noch nicht überflüssig gemacht worden. Schmidt-Weissenfels, ‚Rahel und ihre Zeit‘ (Leipzig 1857)

unbrauchbar. Vgl. K. Hillebrand, ‚Zeiten, Völker und Menschen‘ 2. Bd. (Berlin 1875).

15: BETTINA. Nach einer Bleistiftzeichnung von W. Hensel aus dem Jahre 1853 im Besitze von dessen Sohn, Herrn Direktor S. Hensel zu Berlin. Der Vergleich mit Rahel nach dem schönen Aufsatze von Feuchtersleben in dessen ‚Beiträgen zur Literatur, Kunst- und Lebenstheorie‘ (Wien 1841). Ihre sämmtlichen Schriften 2. Ausg., 11 Bde. (Berlin 1853); ‚Goethe's Briefwechsel mit einem Kinde‘, 3. Aufl. 1881 mit einem Aufsatze von Hermann Grimm; die erhaltenen echten Briefe Goethe's an sie: ‚Briefe Goethe's an Sophie von La Roche und Bettina Brentano‘, hrsgg. von G. v. Loeper (Berlin 1879). Vgl. desselben Aufsatz in der Allg. Deutschen Biographie 2, 578. Conrad Alberti: Bettina von Arnim (Leipzig 1885). Briefwechsel des Freiherrn von Meusebach mit Jacob und Wilhelm Grimm, hrsgg. von C. Wendeler (Heilbronn 1880).

Die beiden letzten Portraits sind der in B. Behr's Verlag (E. Bock) in Berlin erschienenen Sammlung ‚Berühmte Männer und Frauen entnommen.

www.ingramcontent.com/pod-product-compliance
Lightning Source LLC
Chambersburg PA
CBHW021712230426
43668CB00008B/809